GERENCIAMENTO DE TEMPO

Os Hacks De Gerenciamento

(10 Formas De Mudar A Tua Rotina E Ser Mais Produtivo)

Ed Hunt

Traduzido por Daniel Heath

Ed Hunt

Gerenciamento de tempo: Os Hacks De Gerenciamento (10 Formas De Mudar A Tua Rotina E Ser Mais Produtivo)

ISBN 978-1-989837-97-9

Termos e Condições

De modo nenhum é permitido reproduzir, duplicar ou até mesmo transmitir qualquer parte deste documento em meios eletrônicos ou impressos. A gravação desta publicação é estritamente proibida e qualquer armazenamento deste documento não é permitido, a menos que haja permissão por escrito do editor. Todos os direitos são reservados.

As informações fornecidas neste documento são declaradas verdadeiras e consistentes, na medida em que qualquer responsabilidade, em termos de desatenção ou de outra forma, por qualquer uso ou abuso de quaisquer políticas, processos ou instruções contidas, é de responsabilidade exclusiva e pessoal do leitor destinatário. Sob nenhuma circunstância qualquer, responsabilidade legal ou culpa será imposta ao editor por qualquer reparação, dano ou perda monetária devida às informações aqui contidas, direta ou indiretamente. Os respectivos autores são proprietários de todos os direitos autorais não detidos pelo editor.

Aviso Legal:

Este livro é protegido por direitos autorais. Ele é designado exclusivamente para uso pessoal. Você não pode alterar, distribuir, vender, usar, citar ou parafrasear qualquer parte ou o conteúdo deste ebook sem o consentimento do autor ou proprietário dos direitos autorais. Ações legais poderão ser tomadas caso isso seja violado.

Termos de Responsabilidade:

Observe também que as informações contidas neste documento são apenas para fins educacionais e de entretenimento. Todo esforço foi feito para fornecer informações completas precisas, atualizadas e confiáveis. Nenhuma garantia de qualquer tipo é expressa ou mesmo implícita. Os leitores reconhecem que o autor não está envolvido na prestação de aconselhamento jurídico, financeiro, médico ou profissional.

Ao ler este documento, o leitor concorda que sob nenhuma circunstância somos responsáveis por quaisquer perdas, diretas ou indiretas, que venham a ocorrer como resultado do uso de informações contidas neste documento, incluindo, mas não limitado a, erros, omissões, ou imprecisões.

Índice

Parte 1 1

Introdução – Uma Visão Não Convencional Sobre Gestão Do Tempo 2

Capítulo 1 – Reduzindo / Eliminando Fatores Negativos ... 12

Capítulo 2 - Saúde E Bem-Estar 20

Capítulo 3 – Produtividade 34

Capítulo 4 – Organizar, Planejar, Programar, Priorizar 39

Capítulo 5 – Foco 46

Capítulo 6 – Automotivação, Autodisciplina E Dedicação .. 50

Capítulo 7 – Multitarefas 55

Capítulo 8 – Alavancagem 59

Para Encerrar 63

Parte 2 69

Introdução 70

Conclusão 132

Parte 1

Introdução – Uma visão não convencional sobre Gestão do Tempo

Leia uma dúzia de livros ou blogs sobre Gerenciamento de Tempo e quase sempre vai ver os mesmos princípios convencionais:
1. Faça listas do que fazer
2. Priorize
3. Evite distrações
4. Não procrastine
5. Acompanhe sua produtividade e atividades diárias

E, embora tudo isso seja bem verdade, acaba sendo na maioria insuficiente - e, às vezes, contraproducentes quando feitos da maneira errada.

Faltam certos princípios chaves e subentendidos que nos levam a perguntar: Por que embora todos nós tenhamos o mesmo número de minutos em uma hora, horas em um dia, dias em uma semana, etc., alguns de nós realizamos e alcançamos muito mais no mesmo período de tempo que outras pessoas?

Por que alguns de nós conseguimos "terminar" o que precisa ser feito, enquanto outros lutam e sempre estão atrasados dentro de sua programação?

Por que algumas pessoas atuam com confiança, enquanto outras estão sempre lutando com o sentimento de estarem sobrecarregadas?

Naturalmente, a resposta está simplesmente na diferença de como a pessoa administra seu tempo...

O problema é que a maioria dos "conhecimentos convencionais" do gerenciamento de tempo simplesmente não funciona. Se eles funcionassem, todos seríamos seres altamente eficientes e sempre produtivos - que, é claro, a grande maioria vasta do mundo não é.

Assim, a chave é ir além do conceito do livro sobre gestão de tempo e aplicar os princípios que transcendemas táticas genéricas comumente encontradas por aí.

Este livro não é tanto sobre derrubar conhecimentos tradicionais é como dar a você ideias-chave e orientação prática para ser mais eficiente com o seu tempo e mais eficaz em seus resultados e expectativas.

Vamos levá-lo passo a passo através dos conceitos de distrações, saúde, dedicação, foco, atitude, meio ambiente, multitarefa, equilíbrio e alavancagem.

Alguns dos conceitos compartilhados neste livro não serão convencionais - e, talvez, até incomuns em relação ao gerenciamento do tempo. No entanto, se você está lendo este livro, você provavelmente já entendeu que o "convencional" não te ajudou a se tornar mais produtivo.

Esses princípios podem ser aplicados em todas as áreas da vida: escolar, trabalho / carreira, doméstica / familiar, lazer e até atividades sociais. E, enquanto a cultura e a tecnologia podem mudar, esses princípios são atemporais - não afetados por mudanças.

Você pode comparar o desempenho da gestão de tempo ao desempenho de um atleta profissional, principalmente durante situações de muita pressão.

Alguns atletas são capazes de simplificar o jogo inteiro / dividem em partidas menores e frações pequenas. Eles se concentram no próximo lançamento, rodada, arremesso, golpe, lance, tacada, passo ou qualquer outra coisa, em vez do cenário inteiro.

Eles são capazes de ver o próximo curso de ação sem se distrair com o público, os competidores ou quem está ganhando / perdendo. Eles não ficam presos na ansiedade do momento, em vez disso se concentram em manter a compostura e canalizar sua adrenalina para a atividade.

Eles sabem que se continuarem realizando as pequenas coisas uma a uma, estarão em uma posição muito melhor para vencer.

Se você observar o "closer" do beisebol profissional - geralmente é o último arremessador a entrar no jogo e garantir que seu time vença - o melhor normalmente não se preocupa com a pontuação, quantos homens estão na base e qual rodada eles estão enfrentando.

Esses closers focam na próxima tacada... e, em seguida em cada passo subsequente um por um. Eles sabem que, se forem bem-sucedidos em cada campo individual, todo o resto dará certo.

O mesmo vale para os melhores golfistas do mundo. Eles geralmente tendem a não se preocupar com o que seu competidor está fazendo e, em vez disso, focam no próximo impulso, no próximo golpe de ferro ou no próximo putt. Eles sabem que, se a próxima tacada for concluída da melhor maneira possível, a tacada seguinte será muito mais fácil de fazer.

É claro que os atletas profissionais também podem ver 2 ou 3 movimentos no caminho, ou até mesmo 10 movimentos no caminho - como um jogador de xadrez profissional.

No entanto, o ponto é que eles dividem o jogo em segmentos simples e gerenciáveis que podem ser focados no que foi realizado, como riscar itens da lista de tarefas.

Atletas profissionais bem sucedidos também são capazes de desacelerar - sua percepção do *tempo relativo* muda à medida que diminuem a respiração, o ritmo cardíaco e suprimem qualquer sentimento de ansiedade, medo ou nervosismo.

O tempo real se move no mesmo ritmo para todos no mesmo local. Entretanto, o tempo relativo é baseado em uma perspective particular.

Observe: Há evidências de que o tempo real progride de maneira diferente em relação à gravidade e à altura. Mas, para fins de gestão do tempo, vamos focar somente em um ambiente consistente, sem muitas variáveis.

Quando um atleta se concentra exclusivamente no próximo lance e bloqueia distrações externas, focando também em manter a compostura, o tempo*relativo* parece desacelerar (mesmo que por apenas uma fração de segundo); eles podem a partir disso reagir muito mais rápido à situação e ao ambiente que estão inseridos.

Embora você possa não ser capazde fazer isso como digamosMichael Jordan, Derek

Jeter ou Serena Williams, você certamente pode praticar o ofício e desenvolver a capacidade de lidar efetivamente com situações de alta pressão(estressante).

E isso é outra coisa que os melhores atletas profissionais fazem constantemente... *Praticar.*

Quer tenham ou não capacidade inata para o desempenho (algo originário da sua natureza física / mental desde o nascimento ou a infância), ou tiveram que trabalhar duro para conseguir chegar ao desempenho máximo, *TODO* atleta de sucesso dedicou centenas ou milhares de horas para aprimorar suas habilidades.

Esse é um dos COMPONENTES-CHAVE da gestão do tempo: você *PRECISA* praticar, repetir e continuar desenvolvendo sua capacidade - não é algo que simplesmente acontece.

A aprendizagem não provém apenas da leitura ou da escuta, vem da ação. A única maneira de desenvolver sua habilidade de gerenciar o tempo é fazendo.

Enquanto o planejamento e a preparação são componentes essenciais para o desenvolvimento da administração do tempo e eficiência, eles não sentido sem que você *faça* algo. Você tem que tomar uma *atitude*, seja um grande ou pequeno passo em direção aos seus objetivos e metas.

E, agindo abstém-se de dar desculpas.

Ser *ocupado* é algo que a maioria das pessoas realmente é - seja pelas crianças, animais de estimação, mais de um emprego, lazer, responsabilidades domésticas, parentes precisando de cuidados, ou qualquer outra razão. No entanto, "Estou ocupado", pode ser usado muitas vezes como desculpa, especialmente quando se está sem vontade.

Algumas das pessoas mais produtivas do mundo também são as mais ocupadas.

Essas pessoas não inventam desculpas – elas só focam na busca de resultados. Elas sabem da responsabilidade pessoal e a necessidade de administrar efetivamente seu tempo; e elas sabem que não é só o ambiente delas ou as pessoas ao seu redor que determinam se são produtivas ou não.

E, antes de realmente mergulharmos nos fatores que ajudam a criar um gerenciamento de tempo melhor e mais eficaz, vamos dar uma olhada em seu propósito principal.

Ao final do dia, a maioria de nós quer administrar melhor o tempo para que o nosso desempenho seja mais eficiente e eficaz, assim como melhorar nossos retornos (ou nosso tempo de resultado).

Em outras palavras, queremos administrar melhor nosso tempo para sermos bem avaliados, receber promoção e / ou o pagamento que esperávamos alcançar nossos objetivos e ter a vida que almejamos e temos expectativas. Nós também queremos estender nosso "tempo do laser", o que quer que isso signifique, mais viagem, mais liberdade, mais tempo para coisas que mais amamos, etc.

Assim, nosso foco em administrar o tempo é ser mais eficaz com o tempo que temos diante de nós e mais eficiente no desempenho das nossas tarefas e deveres.

Com todos esses pontos em mente, vamos primeiro começar a explorar os fatores que afetam negativamente a gestão do tempo - fatores que você deve considerar eliminar ou reduzir à medida que avançar no processo.

Capítulo 1 – Reduzindo / Eliminando Fatores Negativos

Para ser franco, o maior obstáculo à sua própria gestão do tempo é *VOCÊ*. Isso pode vir na forma de preguiça, procrastinação, insegurança, negação, distrações, malabarismo com tarefas demais, ou qualquer outra "coisa" que atrapalha você a realizar o que deseja / precisa executar.

Você é o maior obstáculo do seu caminho para eficiência e eficácia – e, assim que você puder chegar a um acordo com isso, mais eficaz se tornará.

Vamos ver em alguns destes fatores e como você pessoalmente pode remover o obstáculo:

Assumindo Tarefas Demais

Há uma linha tênue entre multitarefas*efetivas* (será discutido depois) e dar uma mordida maior do que consegue mastigar.

A ambição, embora seja uma característica muito positiva quando se trata de melhorar o sucesso e as realizações, também pode trabalhar contra se estiver fora de controle.

É aqui que você precisa se sentir confortável em dizer "não".

Quando você assume tarefas demais ou muitas atividades ao mesmo tempo, é difícil encontrar o equilíbrio e é ainda mais difícil para priorizar – especialmente, quando têm prazos semelhantes ou datas de vencimento.

Algumas pessoas têm a percepção de que, para realizar mais, você tem que assumir mais responsabilidades e deveres. O que não é necessariamente verdade.

Às vezes, simplificar o que está à sua frente é a melhor maneira de realizar mais... em outras palavras, muitas vezes, menos é mais.

Procrastinação e Preguiça

Convenhamos, praticamente todos somos culpados de procrastinar em algum momento da vida – seja trabalho escolar, doméstico / tarefas, emprego / compromissos da carreira ou outras "coisas" que não achamos muito interessantes ou inspiradoras.

Há momentos onde nós simplesmente não nós damos o trabalho de levantar o dedo para fazer coisas chata ou maçante.

Como seres humanos, somos mais motivados por coisas que estimulam nossas emoções:

Inspiração, medo de perda / fracasso, estresse, excitação, incitação ao amor / paixão, frustração, desespero.

Estas emoções nos levam a fazer alguma coisa.

E os depressores alternativos de nossas emoções, como o *desinteresse, o tédio, a monotonia, o ressentimento e o desgosto*, tendem a nos motivar contra.

Para combater a procrastinação, o primeiro passo é reconhecer quando você estiver realmente fazendo isso. Quando você for capaz de reconhecer seus momentos de procrastinação, você será capaz de assumir o controle e reduzir ou eliminar esses efeitos prejudiciais.

A *ÚNICA* solução eficaz para superar a procrastinação, independentemente do estímulo das emoções que a tarefa a fazer te dá é partir para cima e *FAZER* algo que resolva.

Você precisa assumir o controle de si mesmo e seguir em frente, mesmo que isso signifique apenas dar passos pequenos em direção aos seus objetivos. Ponha-se em movimento - você provavelmente descobrirá que o seu impulso vai aumentar com o tempo.

Distrações

A humanidade do século 21 na maioria das vezes estáinundada de distrações: A TV, a Internet, celulares, tablets, relógios smart, faixas de exercício, outdoors, avisos na estrada, anúncios em todos os lugares, um fluxo intenso de informações sendo emitidas a nós em todos os níveis, um zumbido constante de tecnologia, energiae civilização em nossos ouvidos.

Muitas vezes, nós somos sobrecarregados com tanto estímulo em nossos ouvidos e olhos que encontramos dificuldade em nos desvincular do mundo ao nosso redor.

Mas é o que realmente é necessário para eliminar as distrações e tornar-se mais altamente eficaz.

Voltando ao atleta profissional de sucesso da introdução, a *maioria* dos atletas de sucesso consegue bloquear completamente as distrações e focar no que está imediatamente à sua frente.

Nós vamos discutir mais sobre foco em um capítulo a frente, agora, vamos começar só eliminando as distrações que o impedem de administrar seu tempo melhor e consequentemente seu desempenho em geral.

Dependendo da tarefa em sua mão, uma maneira *ALTAMENTE* eficaz de eliminar as distrações é desligar todas as tecnologias não essenciais / não relevantes.

Talvez você precise do seu computador ou laptop para realizar a tarefa à sua frente... mas você precisa do seu celular apitando o tempo todo, tocando e piscando com notificações de mídia social, mensagens de texto, chamadas perdidas, e e-mails?

Adquira o hábito de desligá-lo (ou, pelo menos, colocá-lo dentro de uma gaveta) de 30 minutos à uma hora por vez. Você pode se surpreender com o seu desempenho quando não está olhando para o telefone a cada 3-5 minutos para ver se há uma nova notificação.

Eliminando os Efeitos Negativos do Estresse e da Ansiedade

Antes de falarmos sobre eliminar esses dois obstáculos (ou, pelo menos, reduzi-los), entendamos que, com base em nossos instintos primitivos que se desenvolveram ao longo de milhões de anos, nossos cérebros foram programados de tal forma que é difícil agir até sermos estimulados por algum sentimento que gere algum nível de estresse ou ansiedade. Nós simplesmente temos um desempenho melhor quando somos estimulados a agir (no tédio e até mesmo no êxtase, podemos ficar letárgicos).

E, claro, é quase impossível eliminar todo o estresse ou ansiedade na vida.

Portanto, é prudente poder simplesmente gerir as nossas emoções e a *maneira de reagir* ao estresse e ansiedade em nossas vidas.

Uma maneira significativa (mas às vezes desafiadora) de iniciar esse processo é detectar e reconhecer quando você está pensando ou falando negativamente sobre si mesmo... depois, eliminar isso.

Pensamentos autodegradantes - como "isso é muito difícil para mim", "eu não consigo fazer isso" e "eu não sou bom o suficiente" - são contraproducentes em serem eficientes e eficazes; e eles trabalham contra a boa administração do tempo.

Em vez disso, concentre-se no que você pode fazer, mesmo queprecise dividir o que você está fazendo em partes menores. Além disso, lembre-se do que você já fez anteriormente–essa é uma maneira de encorajar-se a repetir a ação.

Além disso, entenda que os planos mudam, coisas acontecem (como distrações ou obstáculos). Não seja tão duro consigo mesmo quando levar um pouco mais de tempo para alcançar seus objetivos e expectativas. Em vez disso, se permita. Se prepare com mais tempo para realizar uma tarefa com a compreensão de que poderá levar mais tempo do que o planejado originalmente.

E finalmente, não deixe a negatividade dos outros te derrubar. As pessoas em nossa vida às vezes podem nos dizer que *não somos capazes* de fazer algo, que é impossível, ou até que não somos bons o suficiente. Filtre esse tipo de coisa e não deixe chegar até você.

Quando você carrega o mundo em seus ombros, é mais difícil seguir em frente.

Relaxe, respire fundo e concentre-se no processo passo a passo para atingir seus objetivos.

Capítulo 2 - Saúde e Bem-Estar

Você pode não perceber isso, mas sua saúde e bem-estar desempenham um grande papel na sua capacidade de realizar de forma eficiente e eficaz.

O sono adequado, a nutrição e a hidratação são importantes fatores que afetam a capacidade do seu cérebro de processar informações e do seu corpo de executar as funções necessárias.

Portanto, é prudente iniciar seu processo de administrar o tempo garantindo que você cuide primeiro da sua saúde.

Mas, como você é único, seu equilíbrio pessoal de saúde é algo que você precisará descobrir sozinho - algumas pessoas precisam dormir mais que outras; e as necessidades alimentares de algumas pessoas também são diferentes de outras.

Dormir e Descansar

O sono adequado é um fator importante na produtividade, eficiência e eficácia, bem como no pensamento estratégico - todos relevantes para a gestão do tempo.

Se você não dorme o suficiente, sua capacidade de planejar e executar serão muito reduzidas em relação ao seu nível ideal.

Na verdade, de acordo com WebMd, "sonolência pode prejudicar seu julgamento, desempenho no trabalho, humor e segurança".

Isso também inclui fazer pausas quando necessário. Se você der ao seu corpo e / ou cérebro a chance de parar para descansar e depois focar novamente verá que pode ser muito mais produtivo durante suas atividades.

Quanto menos sono e descanso você tiver, menos tempo seu corpo e seu cérebro terão para se recuperar. A pior parte é que isso pode criar um efeito bola de neve:

Se você está exausto, pode levar mais tempo para fazeras tarefas à sua frente. Quando você leva mais tempo para realizar estas atividades, você tem menos tempo para descansar. Quanto menos tempo para descansar, mais exausto você fica; e o ciclo continua.

Em suma, um bom sono aumenta sua capacidade de atenção, concentração, criatividade, tomada de decisão, habilidades sociais, saúde física e cerebral em geral.

Por isso, é extremamente importante que você tenha tempo para descansar (ainda que em pequenos intervalos) e sono suficiente programado em suas atividades diárias e semanais.

Nutrição & Hidratação

Quando se trata de administrar o tempo, garantir que seu corpo seja abastecido de forma adequada desempenha um papel muito importante em sua capacidade de criar estratégias, planejar e seguir em frente.

Aliás, conforme um artigo publicado na Harvard Business Review, "o alimento tem um impacto direto em nosso desempenho cognitivo, e é por isso que uma decisão ruim no almoço pode atrapalhar uma tarde inteira".

Lembre-se que a boa comida alimenta o corpo e fortalece a mente para ser mais forte. Isto também inclui hidratação – não se esqueça de tomar bastante água (ou, fluidos gerais) para manter seu corpo e seu cérebro hidratados. Você também pode buscar alimentos que capacitam seu cérebro e corpo a funcionar melhor nas tarefas que você tem à sua frente.

Uma mente forte é muito mais capaz de criar estratégias (e lidar com isso) e a gestão adequada do tempo ajuda estimular um desempenho mais eficiente e eficaz.

Uma dieta bem equilibrada, com as vitaminas adequadas para o melhor funcionamento do seu corpo, é um elemento-chave para garantir que a sua mente esteja devidamente preparada para as atividades diárias.

Isso pode (e deve) incluir pequenos lanches saudáveis ao longo do dia – sejam eles legumes frios, biscoitos ou barras de cereais, frutas ou mesmo sucos e bebidas com vitaminas.

Isto inclui também evitar comer besteiras, consumir muito açúcar, energéticos não naturais e muita cafeína (que pode causar um acidente no final do dia).

Há muitos recursos de nutrição disponíveis gratuitos – ou, você pode consultar seu médico para as melhores alternativas alimentares para você.

Atividade Física

Independente se você gosta ou não de exercício, estudos mostraram que o exercício regular ajuda a estimular a mente a ter um melhor desempenho. As endorfinas e o aumento do fluxo sanguíneo ajudam a estimular o funcionamento do corpo e do cérebro.

Por outro lado, a falta de exercício pode incitar a depressão e a letargia, são contraproducentes para um desempenho eficaz e eficiente. A falta atividade física por um período mais longo pode levar à preguiça ou a problemas de saúde (ou ambos). E, em longo prazo, nenhum dos dois trará benefício algum a você.

Portanto, inclua na sua programação algum tipo de exercício em sua rotina diária e / ou semanal. E isso não significa necessariamente ir à academia ou correr uma maratona.

Pode ser tão simples quanto subir as escadas em vez de usar o elevador ou escada rolante diariamente. O que inclui estacionar mais distante do prédio, obrigando-o a caminhar um pouco mais para a escola ou para o trabalho. Ou pode ser uma caminhada ou andar de bicicleta em vez de usar o carro ou o transporte público.

Assim, você pode introduzir alguma forma de atividade física simples em sua rotina diária e isso o beneficiará imensamente.

E, se a sua rotina já inclui exercício diário, você está no caminho certo, continue assim.

Hora do dia

Em primeiro lugar, todo ser humano tem um período que rende mais. Algumas pessoas trabalham melhor de manhã, outras durante a tarde e outras à noite, até tarde da noite.

Descobrir o seu tempo de melhor rendimento permite que você se programe para fazer as tarefas mais importantes.

Se por exemplo, você trabalha em um escritório das 8h às 17h, com 1 hora para o almoço, você pode identificar por si mesmo se trabalha melhor de manhã ou à tarde.

Se for de manhã, basta trabalhar nas tarefas mais intensas antes do almoço e agendar todas as suas reuniões, chamadas e respostas de e-mail para a tarde. Ou talvez inverso seja melhor.

Em ambos os casos, o melhor é *não* programar atividades menos intensivas – como responder e-mails básicos e retornar ligações não muito importantes – durante seus horários menos produtivos do dia.

Arredores e Localização
Para muitas pessoas, o local de trabalho ou desempenho é um fator inegociável - como, por exemplo, se você é um atleta, ator ou trabalha em um determinado lugar.

Mas, se você tiver a oportunidade de mudar seu local de trabalho, poderá descobrir seu entorno ideal -

especialmente se puder alterar o que vê e ouve.

Isso pode ser bastante simples comoalterar seu escritório de lugar, mudando a visão que você tem quando olhapor cima da sua mesa. Talvez isso signifique mudar o seu espaço de trabalho de local para outra sala. E isso pode ser tão significativo quanto mudar completamente de trabalho para uma nova empresa / local / posição.

Só você pode estabelecer onde você trabalha melhor. E, *onde* você trabalha melhor é um fator significativo na sua eficiência na administração do tempo e eficácia.

Se puder, tente mudar para uma sala vazia, sala de reuniões ou sala de aula para ver se você é mais produtivo lá do que em seu local atual.

Nossa mente é estimulada pelo que vemos. Então, algo bem simples como pendurar um quadro com uma foto de um dos seus destinos favoritos, ou local pitoresco (como um paraíso tropical, ilha remota, ou topo de uma montanha) pode gerar uma sensação de paz no subconsciente cada vez que você olhar para isto.

Na verdade, você poderia manter uma foto no bolso de trás de algo que te faz sorrir ou feliz – puxe-o para fora quando precisar de uma dose a mais de estímulo ou inspiração.

Ambiente & Zona de Conforto

Este é um dos elementos mais importantes da gestão do tempo e produtividade – encontrar tempo para realizar suas tarefas e obrigações em sua zona de conforto pessoal.

E a zona de conforto de cada pessoa é única... não existe um método padrão para defini-la.

Mas *HÁ* elementos da sua zona de conforto que podem ser determinados para ajudar você a descobrir onde e como você trabalha melhor.

O barulho (ou a falta dele) pode desempenhar um papel significativo em seu ambiente ideal.

Algumas pessoas preferem ter música ao fundo ouem fones de ouvido.

Outros preferem ruído branco, como o som de ondas, trovoadas e chuva, ou simplesmente estático. Outros ainda funcionam melhor em silêncio absoluto.

Embora isso nem sempre seja possível, sempre que você puder manipular o ambiente para sua zona de conforto pessoal, você perceberá que sua eficiência e eficácia aumentam. E, se possível, programe para fazer as tarefas e atividades mais desafiadoras quando estiver no seu ambiente de ruído ideal.

Você precisará entender por si mesmo os elementos do seu ambiente, o que você vê e ouve em segundo plano e o que funciona melhor no seu caso.

Tenha em mente que a sua zona de conforto não se limita ao ambiente ao seu redor - **ela também inclui seu estado de espírito**.

Um ambiente ideal é aquele que você é capaz de manter sua mente em um estado de fluidez e determinação para fazer. Encontrar uma maneira de manter sua mente focada nas tarefas sem permitir que as distrações interfiram é incrivelmente valioso.

Quando você for capaz de se colocar em um ambiente que lhe traga paz de espírito e incentive sua motivação, descobrirá que pode ter um desempenho muito mais eficiente e eficaz.

Mantenha seu Cérebro em Forma

Estudos mostraram que um cérebro mais saudável e mais bem usado pode realizar tarefas diárias melhor do que um cérebro que nunca é desafiado.

E, não há necessariamente uma ciência exata para isso... mas, quando chegamos aos 30 e poucos anos caminhando para os 40, 50 e 60, nosso cérebro - assim como nosso corpo - não é mais tão forte, tão rápido ou tão afiado quanto antes.

Consequentemente, os serviços de treinamento cerebral on-line, como Lumosity, podem ajudar significativamente sua eficiência e eficácia em geral, além de ajudá-lo a planejar melhor a gestão do seu tempo.

Diversos estudos foram publicados sobre a capacidade de um treinamento cerebral para melhorar as principais habilidades, como memória de trabalho, atenção visual e função executiva em pessoas de diferentes idades e origens.

Centrado no princípio da neuroplasticidade: o cérebro está constantemente mudando em resposta a várias experiências.

Novos comportamentos, novos aprendizados e até mesmo mudanças ambientais podem estimular o cérebro a criar novas vias neurais ou reorganizar as já existentes, e alterar radicalmente como a informação é processada.

Isto é exatamente o que o treinamento cerebral quer fazer:

Ele procura ajudar seu cérebro a criar novos caminhos impulsionando suas habilidades cognitivas para além da sua zona do conforto.

E, você vai descobrir que quanto mais praticar, mais o seu cérebro será capaz de executar funções cognitivas que antes eram desafiadoras - pois você criou mais vias neurais e uma melhor conexão entre seu cérebro e seus dedos no teclado.

Aprenda Coisas Novas

Assim como manter seu cérebro em forma, é importante estimular seu cérebro com novos processos (não apenas novas informações).

Seja aprendendo uma nova língua, um novo jogo, um conceito novo ou uma nova forma de fazer algo comum, este tipo de estímulo cerebral vai manter seu cérebro trabalhando.

Quando você aprende algo novo, seu cérebro realmente muda – formando novas conexões entre os neurônios. O que de fato pode ajudar a facilitar outras áreas da sua vida.

Seguem aqui alguns dos benefícios de aprender algo novo:

1. Aprender sobre uma ampla gama de assuntos pode ajudá-lo a ter uma melhor perspectiva sobre o que está direto à sua frente.

2. Um conhecimento mais aberto pode ajudar a estimular novas formas de pensar, despertar a inspiração e talvez até ajudá-lo a se tornar mais eficiente nas tarefas do dia a dia.

3. Aprender pode ajudá-lo a se adaptar melhor a situação do presente.

Capítulo 3 – Produtividade

Entender o seu próprio nível de produtividade irá ajudá-lo a definir como administrar melhor o seu tempo.

Sua produtividade resume-se em quantas tarefas, atividades e ações você consegue realizar dentro de certo tempo - e quão bem você realiza essas tarefas, atividades e ações.

Quando você for capaz de aumentar ou melhorar sua produtividade, descobrirá que sua carga de trabalho também vai diminuir, sua produção vai aumentar assim como o seu potencial de gerar renda.

Há muitas maneiras de aumentar ou melhorar a sua produtividade e este livro não cobre todo o escopo, de qualquer forma, aqui estão algumas táticas que podem te ajudar a ser mais produtivo.

Não Desperdice Seu Tempo

É tão simples como parece, muitas pessoas são vítimas do próprio desperdício de tempo. O tempo que ela perde checando repetidamente mídias sociais, e-mail, mensagens de texto e outras distrações está diretamente ligado à produtividade dessa pessoa a cada dia.

Pare de se Debruçar nos Problemas, Concentre-se nas Soluções

Uma das melhores maneiras de ser mais produtivo é concentrar seus pensamentos em como superar obstáculos, ao invés de ruminar sobre como eles estão interferindo em sua produtividade.

Quanto menos tempo você passar preocupado ou ansioso com um problema, mais tempo terá para usar de forma produtiva e resolvê-lo.

Há uma diferença entre ser ocupado e ser produtivo

As pessoas que estão preocupadas apenas em serem "ocupadas" tendem a enfatizar o quão ocupadas elas realmente são. As que são produtivas encontram o tempo necessário para realizar as tarefas e atividades cotidianas.

As pessoas ocupadas preenchem o dia com tarefas que não são necessariamente significativas e raramente trabalham para atingir metas finais.

Pessoas produtivas consideram se uma tarefa pode movê-las em direção ao seu objetivo final, ou se pode ser adiada por tarefas mais importantes.

Mantenha-se produtivo e trabalhe em prol de suas metas – ser "ocupado" muitas vezes só o impede de executar.

Pratique até se tornar Hábito

Há um velho ditado que diz "a prática traz a perfeição" – embora não seja totalmente fato (perfeição é quase irreal) – é o conceito central de produtividade, provado cientificamente.

Diz-se também que para ser um especialista em alguma coisa, você precisa praticar aproximadamente 10.000 vezes no negócio ou atividade.

De fato, de acordo com a Harvard Business Review, "Consistentemente e de forma esmagadora, as evidências mostraram que os especialistas sempre são feitos, não nascem".

E, embora se especializar possa não ser seu objetivo final, sua própria proficiência em uma atividade está em algum lugar entre 0-10.000 horas de prática. Em outras palavras, quanto mais tempo praticando, melhor e mais proficiente se torna.

Obtenha Feedback de Pessoas Qualificadas

Receber feedback construtivo – e até mesmo críticas construtivas – de indivíduos qualificados que estão familiarizadas e experientes com as tarefas ou atividades que deseja realizar é um modo infalível de melhorar seu desempenho e produtividade.

Quanto mais produtivo o feedback que você receber, melhor as chances de rever seu próprio desempenho e desenvolver etapas para melhorá-lo.

Basta ter em mente que você está procurando um coach, não um crítico - o feedback deve ser sempre construtivo, não degradante.

Se você não conseguir obter feedback direto de uma pessoa qualificada, poderá adotar uma abordagem indireta:

Compare os seus esforços com os de alguém que realiza a mesma atividade (seja passado ou presente).

Olhando para fatos como tempo-para-terminar, resultados gerais, medidas tomadas para completar e qualidade, você pode comparar seu desempenho ao de outra pessoa e certificar-se de que você está sendo eficiente e eficaz o máximo possível em seus métodos.

Só esteja certo em não gastar tempo demais comparando seu desempenho com os outros - e, não permita que sentimentos de inferioridade (se aplicável) infectem seus pensamentos.

Apenas Faça

É claro, algumas tarefas e atividades precisam de um planejamento cuidadoso. Mas, evite ficar preso na preparação.

Em vez disso, aja. Faça. Assuma o controle da situação e comece a trabalhar em direção ao objetivo.

Às vezes, é mais fácil corrigir erros e falhas durante o processo do que passar mais horas tentando atingir a perfeição.

Capítulo 4 – Organizar, Planejar, Programar, Priorizar

Há uma linha tênue entre o equilíbrio adequado de organizar / planejar e se afogar em tanto planejamento, o que acaba sendo perda de tempo.

Existem três objetivos chaves para organizar, planejar, priorizar e programar:

1. *DEFINIR* quais tarefas precisam ser realizadas

2. *DETERMINAR* a ordem de realizar essas tarefas

3. *CRIAR* um plano de ação para executar essas tarefas

Essa fase pode ser bem simples. Quando você fica muito confuso na priorização ou passa tempo demais planejando, pode perder um tempo valioso no desempenho atual.

Portanto, é importante ser rápido, preciso e eficiente no processo.

O primeiro passo, obviamente é definir o que precisa ser feito. Se quiser crie uma lista com todas as tarefas que você precisa realizar no dia seguinte / semana / mês.

Certifique-se de não ser pego se tornando um criador de listas.

Às vezes, nos sentimos forçados a criar listas de "tarefas" que só nos dizem para fazer outra lista prévia de "tarefas". Ou, passamos tempo demais focado em *o que* precisamos fazer e perdemos tempo de executar de fato.

Mantenha-se racional e permita que a lista siga sozinha ao longo do tempo - ela vai aumentar ou diminuir com o passar dos dias ou das semanas à medida que mais tarefas forem adicionadas ou realizadas.

O segundo passo é decidir quais são iminentes e urgentes, quais são importantes e quais podem ser feitas a qualquer momento. Organize isso de uma maneira que faça sentido – as tarefas mais urgentes primeiro, tarefas importantes logo após e o resto mais ao final.

Ao priorizar, separe um tempo para inserir alguns cenários com se / então.

Leve em consideração que isso será usado caso você não realize uma determinada tarefa de imediato.

Qual a desvantagem?
Quais são as repercussões?
Ou tudo vai dar certo caso você demore mais para concluir a tarefa?
Quando você puder medir os custos e os benefícios de concluir determinadas tarefas em certo tempo e, depois compará-las com outras tarefas que precisam ser concluídas, você terá uma compreensão melhor de quais prioridades são mais altas.

Então, decida quando / como você vai realizar essas tarefas. Muitas vezes, é importante escrever esse plano de ação: isso é algo que você pode mencionar depois, serve como lembrete e imprime alguma determinação em sua mente.

Seu plano de ação pode ser tão simples quanto à ordem das etapas na lista a cumprir, detalhada em quando, onde e como realizá-las.

É muito importante também ter certeza de que você está programando um descanso adequado, a nutrição e compensações durante um período de tempo, para que possa se recuperar, revigorar e manter um alto nível de motivação.

Uma vez que você tem um plano de ação ou "lista de tarefas" à sua frente, muitas vezes a tendência geral é fazer o trabalho fácil primeiro e depois trabalhar nas mais difíceis. Nós como sociedade, normalmente buscamos recompensas ou gratificações frequentes, gostamos de verificar primeiro as coisas simples da lista - isso nos ajuda a sentir que realizamos algo quando vemos os itens sendo riscados.

No entanto, durante esse processo, perdemos a nossa capacidade de executar nosso nível mais alto, uma vez que o cansaço mental e / ou físico começa a se instalar. E, quando é hora de realizar as tarefas mais complexas e desafiadoras, ficamos sem energia suficiente para executá-la, tendo um pouco de letargia, o que nos leva a procrastinar, ou apenas adiar.

Em vez disso, tente fazer o oposto: enfrente as tarefas mais difíceis quando tiver com mais energia e permita que o seu dia progrida nas tarefas e obrigações que exigem menos esforço à medida que sua energia diária é drenada.

Seja ambicioso.
Desafie-se a realizar coisas dentro de um determinado tempo. Force-se a ir um pouco além dos seus limites. Permita a oportunidade de se motivar criando um pouco de pressão para completar suas obrigações.
Mantenha-se motivado adicionando um pequeno senso de urgência. E não se esqueça de manter sua mente estimulada com as coisas em movimento.
No entanto...
Assegure-se que está sendo realista com sua programação.
Às vezes, temos uma ambição desenfreada e cremos que somos capazes de fazer mais do que realmente podemos em um dia. Além disso, certifique-se de que está incluindo tempo para interrupções, correções e obstáculos.

Ainda que nosso desejo seja ser o mais eficiente possível, na maioria das vezes, não conseguimos isso. Permita-se. Quando você determina metas realistas, você tem uma grande chance de realizá-las no período de tempo esperado.

Quando você estabelece objetivos irreais, cria possibilidade de não terminar o que planejou - e conduz a si mesmo a probabilidade de decepção.

Há uma diferença sutil entre um cronograma favorável e desafiador e um sobrecarregado que o oprime.

Experimente duas horascom a furadeira

Trabalhar com uma broca durante duas horas é simples assim:

"Se eu tivesse só duas horas hoje para fazer algo ou algumas coisas, o que eu faria e por quê?"

Você pode se surpreender em como a ordem de prioridades muda quando você tem só um tempo limitado para executar. Essa é uma ótima forma de checar sua lista de prioridades.

No entanto, não se esqueça de que com a furadeira não seriam duas horas e sim só alguns minutos para terminar. Então, verifique se você não está perdendo tempo demais rechecando o processo.

Capítulo 5 – Foco

O foco é toda sua capacidade de trazer a atenção e energia em uma atividade, meta, objetivo, tarefa ou ideia e sustentar por um período de tempo prolongado.
E, uma coisa é certa: você tem ESCOLHA se concentrar em seus objetivos... ou se distrair com os desafios e obstáculos.
Você pode se deixar impressionar pelo cenário geral... ou, você pode manter essa imagem em mente enquanto você se concentrar em checar tópico por tópico da sua lista de etapas para atingir seus objetivos.
Claro, a maioria coaches de sucesso e gurus falam sobre como criar uma "lista de sonhos" e "focar no que você quer para criar sua própria realidade", mas muitos negligenciam incluir o passo mais prático (e necessário), que é criar e organizar uma forma de atingir esse objetivo passo a passo.
A chave é focar sua atenção no que precisa ser feito para chegar onde quer - e

não permitir que o panorama geral te atrapalhe no processo.

E, quando você conseguir ajustar o foco com a ação, você descobrirá que sua vida realmente vai começar entrar na direção certa.

É lógico que isso provavelmente não vai acontecer da noite para o dia.

É preciso prática, tentativa e erro, e até o fracasso ocasional para aprender e compreender os próximos passos que você pode precisar tomar.

Se você continuar com seu plano pessoal e mantiver o foco, é bem provável que você vá muito além do que foi antes –afinal você estará muito mais comprometido com seu plano de gerenciamento de tempo.

Outra prática útil para manter o foco é a visualização. Quando você consegue visualizar ou imaginar os resultados de realizar seus objetivos – seja ele a recompensa no final, a sensação de realização ou o alívio – pode ser mais fácil manter o foco sobre o que você precisa fazer.

Enxergando-se marcando o ponto vitória, recebendo uma nota alta em uma prova ou boletim escolar, ou conseguindo entregar o resultado que seu chefe estava esperando no trabalho pode criar um senso a mais de foco e diligencia nas tarefas à sua frente. E, você pode estimular esse sentido visualizando-se depois que a tarefa ou a atividade à sua frente foi realizada.

É isso que muitos atletas e artistas profissionais de sucesso fazem antes entrar em cena - eles conseguem ver o resultado do sucesso com antecedência e simplesmente focam no passo seguinte para atingir o resultado.

Esse foco também serve ao propósito de ocupar sua mente e impedir que dúvidas, medos e inibições penetrem.

Quando você perde o foco, a insegurança pode começar a contaminar seus pensamentos... e, eventualmente, seu desempenho.

Portanto, é imperativo que você mantenha o foco nos resultados finais para suas metas de curto e longo prazo, e siga centrado nas etapas necessárias para concluí-las.

Capítulo 6 – Automotivação, Autodisciplina e Dedicação

Sendo bem honesto, a eficácia que você usa para administrar o seu tempo é quase insignificante, sem a devida motivação ou disciplina para ir em frente.Se você não se dedicar aos planos para realizar as tarefas à sua frente, nem o todo o planejamento do mundo inteiro fará qualquer diferença.

Portanto, é altamente importante que você mantenha e estimule internamente sua automotivação, autodisciplina e dedicação.

Convenhamos: Estamos num mundo de gratificação instantânea. E nossos cérebros estão especialmente agora treinados para obter satisfação imediata e gratificações rápidas - você pode culpar em parte a mídia social por isso.

A boa notícia é que há diversos truques que você pode usar para estimular e incentivar a sua automotivação, quando estiver faltando.

Há um pequeno truque que você pode usar para atender sua necessidade de ser gratificado por pequenas realizações.

Por exemplo, você pode criar mini prêmios para si mesmo por completar uma tarefa - eles podem ser algo bem simples como um pedaço de chocolate por preencher um formulário do relatório escolar ou planilha de trabalho, e significativamente gratificante como tirar férias depois concluir um projeto importante na carreira.

Não importa o tamanho da realização ou qual seja o prêmio (desde que lhe agrade), o objetivo é criar um incentivo para continuar cumprindo as tarefas / deveres à sua frente.

Um pouco menos ideal, mas você também pode focar no resultado negativo que aconteceria caso você *não* conclua a tarefa em questão. Reprovação no curso, a perda do emprego ou algo que poderia mudar sua vida e pode motivá-lo a concluir o que está à sua frente.

Outra abordagem é fazer um alongamento e distanciar a mente fazendo algo completamente fora da sua zona de conforto.

Isso pode ser algo totalmente desassociado das tarefas que estão à sua frente; mas abre caminhos para renovar e revigorar seu centro através da estimulação emocional, mental e / ou física.

O que pode ser bem simples como escovar os dentes ou pentear o cabelo com a mão não dominante. Poderia ser algo mais desafiador também, como caminhar ou correr uma distância maior do que é normalmente é confortável.

Explore uma parte da sua cidade, vila ou bairro que você nunca foi. Faça uma viagem curta de um fim de semana a um lugar que nunca esteve. Converse com alguém com quem você nunca interagiu na rua, no transporte público, na escola ou no escritório.

Faça algo que provoque sua adrenalina ou faça seu sangue correr - veja um filme de terror ou comovente; escale até o topo de uma montanha ou prédio; participe de um evento esportivo estimulante ou faça qualquer coisa que desperte sua energia interna.

Todas estas expansões da sua zona de conforto pessoal podem ativar sua adrenalina e endorfina, o que pode revigorar sua mente e espírito além de reacender o fogo que você precisa para empurrar suas tarefas ou deveres diários.

Separe tempo para se lembrar de e apreciar o que conseguiu realizar até aqui.

Uma boa maneira de permanecer 'no jogo', motivado e com dedicação é se lembrar das suas conquistas passadas – especialmente quando o progresso é lento ou leva mais tempo do que o planejado para atingir o próximo passo.

Às vezes ficamos frustrados ou decepcionados com nossos fracassos (ou falhas aparentes), e isto pode reduzir nossa motivação de continuar. Por isso o mais importante a fazer é se concentrar no que você realizou e / ou no que você pode realizar ainda.

Quando você foca em seus fracassos, você se prepara para a possibilidade de mais fracassos. Na verdade, concentrar-se em seus fracassos e decepções pode e fará com que você *perca o foco* das coisas mais importantes - como os próximos passos e o que você alcançará ao completá-los.

Capítulo 7 – Multitarefas

Multitarefa é a capacidade de pensar e executar várias tarefas, funções ou ações simultaneamente. Você pode estar familiarizado com o conceito de andar e mascar chiclete ao mesmo tempo - esse é um tipo básico de multitarefa.

O problema da multitarefa é que o seu cérebro conscienteé incapaz de se concentrar em uma única tarefa ou ação por vez. Enquanto sua consciência está focada em uma tarefa ou ação, o subconsciente não é capaz de efetivamente executar a segunda tarefa ou ação de fato (às vezes chamada de "memória muscular"), então, basicamente, pode levar mais tempo para completar ambas as tarefas juntas do que executá-las uma de cada vez.

Multitarefa também podem aumentar aschances de erros ou equívocos se não forem feitos devidamente. Quando sua atenção é dividida em duas ou mais direções ao mesmo tempo, achance é maior de etapas ou detalhes serem esquecidos – às vezes até sem perceber.

Estudos provam que multitarefa consome energia cerebral mais rápido do que se concentrar em uma tarefa ou ação por vez. Assim, a fadiga pode entrar em jogo, diminuindo a sua capacidade de desempenho efetivo até que você tenha o descanso adequado.

Mas, a boa notícia é que você pode treinar para realizar multitarefas de forma efetiva, especialmente através do planejamento e preparação.

À medida que você aprende, sua mente se expande gerando mais conexões entre os neurônios do seu cérebro. E ao passo que essas conexões se tornam mais fortes, menos você terá que raciocinar sobre o que está fazendo.

Quanto menos você pensar sobre o que está fazendo, mais fácil será realizar multitarefas.

Um elemento-chave para praticar e treinar várias tarefas efetivamente é fazer anotações, ou um registro / diário. Escreva as ideias que vem a sua cabeça, mas isso vai distraí-lo do seu foco atual. Faça também registro do que você finalizou versus o que você ainda precisa terminar.

Estas duas atividades separadas ajudarão você a manter a organização sem consumir a energia cerebral enquanto executa a ação. Elas também vão ajudá-lo a garantir que você não esqueça ou perca nenhum detalhe ou etapa.

Além disso, ao tentar executar multitarefas, faça o possível para agrupar tarefas similares e relacionadas (ou, pelo menos não conflitantes). Isso evitará que seu cérebro gaste muita energia alternando entre processos de pensamento.

Outra tática para multitarefas é combinar tarefas que não usam muito o cérebro. As tarefas que não exigem o foco total, não são propensas a erros básicos, e / ou que são mais simples, permitindo que você execute várias tarefas com risco mínimo de erros ou falhas.

Você pode também cronometrar suas tarefas, assim poderá preencher os intervalos pré-planejados de uma tarefa dentro de outra.

Mas, lembre-se que o cérebro e sua concentração ativa só podem realmente focar em uma coisa de cada vez.

Portanto, o melhor é focar completamente em uma tarefa e depois ir para a próxima e se concentrar totalmente nela - mesmo se estiver trabalhando nas duas ao mesmo tempo.

Se você alternar indo e vindo muito rápido entre as duas, corre o risco de cometer erros E pode esgotar boa parte da sua energia cerebral. Então, dê a si mesmo tempo suficiente para ajustar sua cabeça às tarefas alternadas, e não se pressione tanto para atingir demais em tão pouco tempo.

Tudo é uma questão de equilíbrio.

Capítulo 8 – Alavancagem

Uma das maiores chaves para uma gestão eficaz e eficiente do tempo é a alavancagem. Alavancar basicamente significa fazer muito com pouco para obter o máximo de vantagem.

Quando você é capaz de combinar não apenas seus próprios esforços, mas os esforços de alguém ou de algo (computador, máquina, animal, etc.), você pode chegar a outro nível de produção e desempenho que você não seria capaz de alcançar sozinho.

Tomemos por exemplo o agricultor:

Um agricultor tem um extenso solo e gostaria de plantar uma safra. Antes de plantar, ele precisa preparar o solo no campo, arando.

Para isso, ele pode usar uma enxada, arrastando isso por horas (ou dias) andando para acima e para baixo no campo.

No entanto, fazer isso manualmente não é o método mais eficiente, mesmo se for eficaz em criar os resultados desejados.

Como alternativa, o agricultor também poderia optar por usar um cavalo ou boi para puxar um arado muito maior, que reduziria significativamente o tempo necessário para completar o turno. Esse método também é eficaz, e é muito mais eficiente do que arrastar uma pequena enxada.

Uma terceira alternativa seria usar um trator com puxando um grande arado. Assim como a segunda alternativa, este método é eficaz e muito mais eficiente do que o primeiro método.

A segunda e a terceira alternativas são concluídas através de alavancagem – alavancadas por um animal ou uma máquina, capazes de trabalhar muito mais em um período de tempo mais curto do que manualmente.

Ou, vamos pegar o cenário que você precisa para mover suas "coisas" de uma sala para outra (seja em casa ou no trabalho).

Você pode mudar os móveis, decorações e coisas de lugar sozinho, ou contratar o assistente de um amigo, membro da família ou colega de trabalho. Ambos seriam igualmente eficazes - mas é bem provável que seu tempo seja mais eficiente com a ajuda de outra pessoa.

Assim como com o agricultor que usou um animal ou um trator para arar seu campo, você estaria utilizando alavancagem e liberando mais tempo no processo.

Em algumas circunstâncias, você pode considerar quais tarefas podem ser terceirizadas. Avalie o custo (tempo) de fazê-las sozinho versus o custo (dinheiro) de pagar alguém para fazer por você.

Claro, algumas coisas são melhores feitas por você mesmo - mas, muitas vezes você pode pagar alguém para fazer o seu trabalho, o que lhe permite ter mais tempo para fazer o que é importante para você.

Um exemplo simples disso seria pagar alguém para cortar a grama ou limpar sua casa. Outro exemplo de terceirização é contratar alguém para terminar um relatório, artigo ou planilha enquanto você se concentra em outras tarefas e obrigações.

Outro exemplo é pagar alguém para responder e-mails e retornar telefonemas como um assistente virtual para poupar seu tempo no filtro das prioridades.

Terceirizar é uma ótima forma de alavancar seu tempo, permitindo que você se concentre em questões centrais, enquanto alguém cuida das tarefas menores que ocupam seu tempo.

Mas a alavancagem não se limita apenas à ajuda física de alguém (ou algo). Você também pode aproveitar o conhecimento e a experiência de outra pessoa - ou até mesmo a sabedoria de um grupo de pessoas.

Às vezes, a melhor maneira de concluir uma tarefa ou organizar suas prioridades é seguindo a liderança de alguém mais experiente. Outras vezes, educar-se através do conhecimento de outra pessoa pode aumentar sua eficiência e eficácia.

Com a quantidade de informação disponível hoje (na Internet e outras fontes), em uma dimensão aparentemente ilimitada de temas, quase sempre é possível alavancar o conhecimento e a experiência a partir da perspectiva do outro.

Para Encerrar

Cada hora tem 60 minutos, o dia tem 24 horas, e o ano 365 dias - ainda assim, é claro que algumas pessoas são muito mais produtivas dentro do mesmo período de tempo do que o resto do mundo.

Se você faz parte da maioria interessada em aprender mais sobre gestão do tempo, em geral é porque você quer ser mais efetivo com o seu tempo e mais eficaz com seus resultados.

A melhor maneira de alcançar isso é dar um passo além das lições e práticas convencionais de administração do tempo e entender cada um dos seguintes tópicos:

Não existe tamanho único para todos

Não importa o que a sabedoria convencional ou os textos dos livros digam, não existe um método perfeito para a gestão do tempo. Assim como todo ser humano é único, a percepção do tempo e dos conjuntos de habilidades também é única para cada pessoa.

Portanto, é importante que você descubra seu próprio método particular de administrar o tempo com base em uma adaptação do que você aprendeu hoje. Assuma o controle de sua própria eficiência e eficácia, encontrando sua própria zona de conforto e um ambiente ideal para o desempenho.

Seja Responsável e Encarregado dos Seus Próprios Resultados

Assumir a responsabilidade do seu próprio rendimento e resultados é a melhor maneira de se tornar mais eficiente - aceitando que você é causador das suas próprias ações (ou falta delas), você é capaz de avaliar melhor o que você pode ou não realizar dentro de um determinado tempo.

A Prática leva a ~~Perfeição~~ Melhoria

Aprender a gestão adequada do tempo não traz um resultado instantâneo. É preciso prática, diligência e dedicação.

A prática nos ajuda a executar uma tarefa, usando cada vez menos o processamento ativo do cérebro e energia - ela torna as ações mais automáticas e proporciona um potencial melhor em realizar multitarefas de forma eficaz.

Com a gestão do tempo, quanto mais você trabalha no refinamento do seu processo, mais você repete essas ações, quanto mais você pratica, mais se tornará adepto disso.

Cuide do seu templo

A saúde do seu corpo - e, mais especificamente, do seu cérebro - é um fator vital para manter sua melhor eficiência e eficácia em suas atividades.

Faça o possível para garantir o fluxo sanguíneo adequado, estimulação sensorial, nutrição e hidratação ao longo do seu dia.

Exercite-se regularmente, aprenda algo novo com frequência e participe de exercícios mentais (como o treinamento do cérebro) que ajudarão a sua mente a manter sua capacidade potencial mais alta.

Certifique-se de que você está descansando e dormindo devidamente, para que corpo consiga funcionar perfeitamente. Além disso, faça pausas regulares.

Seja Positivo

Evite pensamentos negativos e evite ideias como, "Não posso fazer isso", ou "Não tenho tempo suficiente.".

A negatividade é um enorme obstáculo para impedi-lo de ter um desempenho mais eficiente e eficaz.

Mantenha seus olhos no prêmio e lembre-se de olhar para trás e apreciar o que já conseguiu.

Mantenha seu Foco

Seja no objetivo final ou nos pequenos passos até chegar lá, continue se concentrando no que é mais importante - no que você quer realizar.

Reduza ou elimine distrações (incluindo pensamentos que distraem) sempre que possível. E, o quanto puder evite deixar que as coisas sem importância atraiam sua atenção.

Use Alavancagem quando possível

Como os Beatles cantaram uma vez, "Eu consigo com uma pequena ajuda de meus amigos...".

E, embora talvez não sejam seus *amigos* que o ajudam, eles definitivamente participaram de alguma coisa:

Sempre que você puder aproveitar a ajuda de alguém (onde os benefícios superam o custo) - seja física, intelectual ou emocional - você descobrirá que é capaz de realizar muito mais do que pode sozinho.

Mantenha-se Motivado

Encontre maneiras de se manter "no jogo" quando achar que sua ambição e motivação estão diminuindo.

Há muitas maneiras de se manter motivado, incluindo: *recompensando-se por pequenas conquistas, lembrando-se de sucessos anteriores, visualizando o sucesso futuro e estimulando sua adrenalina por meio de atividades estimulantes ou interessantes.*

Encontre as maneiras que melhor funcionam no seu caso e se mantenha energizado ao realizar as tarefas menos interessantes.

Mantenha-se Produtivo, Não Ocupado

Há uma diferença enorme entre ser ocupado e ser produtivo. Foque em tarefas, ações e atividades que lhe direcionam aos seus objetivos finais, em vez de tarefas que simplesmente ocupam seu tempo.

Quanto mais produtivo você for, melhor poderá aproveitar as horas do dia.

Conclusão Final

O Gerenciamento de tempo adequado começa e termina com você - e é tão bom quanto sua implementação.

Todo o planejamento no mundo não fará diferença se não houver acompanhamento.

Você é a sua melhor ferramenta para alcançar um desempenho eficiente e eficaz - e você é seu melhor ativo quando administra seu tempo.

Parte 2

INTRODUÇÃO

Tem de haver algo, algum atributo pessoal que dê a uma pessoa um impulso emocional para continuar a trabalhar arduamente e superar todas as barreiras até que os seus objetivos sejam alcançados. A estas coisas dá-se o nome de excelência, talento e, por vezes, produtividade.

São poucas as pessoas que sabem como levar o seu trabalho a bom porto. Encontram formas de fugir a situações turbulentas a todo o custo. Estas pessoas são tidas como altamente produtivas. Elas fazem o que muitas pessoas médias não conseguem fazer.

A quantidade de trabalho que se produz num determinado espaço de tempo é normalmente designada por produtividade. Contudo, o quão focado e atento alguém está enquanto trabalha depende de uma combinação de muitos atributos mentais e comportamentais.

Para compreender os vários truques de produtividade, há que primeiro compreender os seus próprios bloqueios mentais e hábitos desfavoráveis. Por exemplo, dê uma olhadela à lista de verificação abaixo. Enquanto trabalha:

- Acha que se sente distraído facilmente pelos ruídos da mente (pensamentos)?

- Acha que leva muito tempo a superar eventos traumáticos da vida?

- Acha que nunca toma providências para melhorar embora esteja ciente das fraquezas?

- Sofre frequentemente de procrastinação?

- Gosta de se "fazer de vítima" frequentemente?

Se as suas respostas a estas questões forem sim, então precisa de trabalhar em si mesmo e nos seus hábitos? Ninguém, além de si mesmo, o pode ajudar a melhorar a sua produtividade. A solução aqui é simples e consiste no desenvolvimento pessoal. Você precisa de melhorar e, portanto, os seus hábitos têm de mudar.

Existem poucas, mas muito específicas, diferenças entre sucesso e o fracasso. As pessoas de sucesso são emocionalmente inteligentes, estão cientes dos seus pontos fortes, sabem como utilizá-los, não temem o fracasso, nunca hesitam em abraçar as críticas e adoram aprender e melhorar constantemente.

Mais do que qualquer outra prática na sua carreira, a sua capacidade de gerir o tempo irá determinar o seu sucesso ou fracasso. É uma equação básica. Quanto melhor utilizar o seu tempo, mais conseguirá alcançar e maiores serão as recompensas.

Se não for uma pessoa produtiva, descubra as razões. Tome providências. Não importa se tem talento ou se é ou não habilidoso, estes não são os problemas. Aumente a sua autoconsciência.

Compreenda porque é que não é capaz de trabalhar de forma eficiente, ou o que o impede de trabalhar de forma eficiente. Conheça os seus pontos fortes. Trabalhe arduamente para fortalecer os seus pontos fortes. Este livro é um recurso excelente que apresenta dicas e truques de produtividade de grandes líderes e especialistas.

Irá compreender como é fácil identificar estratégias essenciais de sucesso. Pegue numa cópia e experimente. Mas, mais importante do que tudo, tente por em prática tudo o que aqui aprender. Tudo o resto irá compor-se depois. Boa leitura!

Significado de Tempo

Tempo refere-se à progressão dos eventos e também à forma como essa progressão é medida (com recurso a horas, dias, anos e assim por diante).

O tempo também pode significar a altura a que uma pessoa se refere. Por exemplo, na questão "que horas são?" o interlocutor está a perguntar acerca de uma altura específica - um momento específico na progressão contínua de eventos.

Tempo é uma palavra de origem Germânica. Ambas as palavras "tide" e "tima", do Inglês antigo e do Germânico, significam tempo. No entanto, também significam "tide" (como as marés). Há algo de significativo acerca desta definição. Ela encapsula a forma como, tal como as marés se movem continuamente de uma maneira que é observável e mensurável, assim também os eventos continuam a desenvolver-se de uma maneira que é observável e mensurável. Por isso, em suma, o tempo refere-se:

- À progressão de eventos.

- À forma de medir a progressão dos eventos utilizando horas, segundos, anos e assim por diante.

- A momentos específicos no tempo, tais como as três horas ou o dia 2 de janeiro.

- Metaforicamente, via palavras etimologicamente correlacionadas, as marés são como movimentos de história e de vida.

- Um espaço específico de tempo (por exemplo, um período de existência ou o tempo permitido para um exame)

Todos possuímos algum senso de tempo, quer sejam as agonias da espera ou os surpreendentemente rápidos momentos de entusiasmo. Mas, a maioria de nós raramente reflete muito sobre de onde vêm essas sensibilidades e sensos.

Os humanos começaram a medir o tempo há tanto tempo que não há uma clara noção sobre quando e como o conceito surgiu.

Obviamente, os primeiros homens observavam os rituais diários do nascer e pôr do sol e as transições da lua. De forma gradual, as pessoas começaram a calcular os intervalos e a associar o que chamamos de números a esses eventos.

Não foi como se alguém tivesse descoberto um elemento universal de tempo que ditasse essas passagens. Se isso tivesse acontecido, alguns dos nossos conceitos de tempo poderiam ter, com certeza, evoluído de forma diferente. Contudo, tal como Einstein comprovou, o tempo, em si mesmo, é relativo.

Por exemplo, hoje nós achamos que a altura em que Jesus veio à terra ocorreu HÁ MUITO tempo atrás. Se lhe dissessem que esse longo período de tempo (cerca de 2000 anos) era apenas uma parte ínfima dos 2.000.000 anos (mais rápido do que um piscar de olhos) decorridos desde o início da formação do planeta Terra, provavelmente teria muita dificuldade em alcançar o significado dessa métrica em termos humanos. Ainda assim, parece ser muito tempo.

Para muitos humanos vivos atualmente, a morte do Presidente Kennedy dos EUA há 50 anos atrás parece uma história do passado. Os 150 anos que passaram desde o discurso de Lincoln em Gettysburg parecem tão longínquos que poucos conseguem alcançar a sua proximidade e atualidade.

As pessoas com mais de 80 anos, hoje, estiveram vivas por mais de um terço da existência dos Estados Unidos. Para alguém dessa idade, é difícil de acreditar. (Os leitores mais novos vão ter de confiar em mim.)

Um ano-luz é a distância que a luz percorre num ano (a uma velocidade de 299.792,5 km por segundo, ou 741,9 milhões de quilómetros por hora)

Podia dizer-se, "Como é que é suposto pensarmos no tempo e nas distâncias dessa forma?" Em termos humanos, estas escalas são abissais e muitos dos nossos destinos teóricos potenciais encontram-se a milhares ou milhões de anos-luz de distância.

Assim, se quisermos começar a pensar seriamente acerca de exploração extraplanetária, será que temos de voltar ao início e repensar os nossos conceitos básicos de tempo e distância e, quiçá, arquitetar novamente a espécie humana - pelo menos alguns de nós - para uma existência indefinida?

Algumas das medidas fundamentais de tempo, distância e direção, tais como os 360 graus de um círculo poderiam possivelmente ter sido outros números, como 3600. Mas os conceitos destes fundamentos são fixos e universais. (Para contornar esta limitação aparente, alguns físicos estão agora a postular sobre a existência de, talvez, milhões de universos adicionais!). E, até agora, estes fundamentos, o nosso sistema de tempo e distâncias tal como precisamos deles aqui na terra-mãe, têm sido suficientes para nós.

Nos tempos mais antigos, diferentes locais e regiões conservavam os seus horários de forma muito semelhante à forma como temos fusos horários nos dias de hoje. Então, há apenas uns duzentos anos atrás, Greenwich, na Inglaterra, tornou-se o indicador base do tempo global e dos cronómetros (os precursores dos relógios individuais). E agora, com a Internet, embora possa estar mais claro ou mais escuro em diferentes locais todos os dias, estamos na realidade num único fuso horário a nível global - que é AGORA!

Em conclusão, tudo se resume a isto: já que o tempo é basicamente um constructo humano usado para servir as necessidades dos humanos à medida que crescemos e evoluímos, é evidente que podemos e devemos repensar e tentar adaptar as nossas noções e utilizar o tempo em algo que será mais útil à medida que o Universo vai amadurecendo.

Importância e Valor do Tempo
Uma vez passado, não é possível recuperar o tempo não importam os meios que se utilizem, por isso é importante compreender a sua importância. O tempo é dinheiro. Como diz o ditado, "O tempo não volta atrás".

O tempo é inestimável. De facto, o tempo é mais valioso do que o dinheiro. Isto acontece em parte pelo facto de que só nos é atribuído uma porção determinada de tempo nas nossas vidas e, portanto, temos de nos certificar de que o utilizamos com sabedoria. Nada pode impedir a passagem do tempo. Uma vez passado, não é possível recuperar o tempo não importam os meios que se utilizem.

Contudo, algumas pessoas não percebem o valor do tempo e desperdiçam-no. Em vez de se focarem nas tarefas importantes que têm em mãos, perdem tempo, achando que irão recuperá-lo mais tarde.

Elas devem perceber que muitos dos problemas futuros podem ser evitados ao tomar medidas imediatas de forma atempada. O famoso provérbio, "é melhor prevenir que remediar", também realça a importância de resolver um problema num estágio inicial.

<u>Importância da Gestão do Tempo para o sucesso</u>: A gestão do tempo é sempre um fator crítico de sucesso. Se alguém desperdiça a sua infância, não será capaz de adquirir e desenvolver carácter no futuro e sofrerá todas as consequências desse facto. De modo semelhante, se um estudante negligencia os seus estudos de dia para dia, não importa o quanto estude de véspera para o exame, ele não irá passar. A gestão do tempo é um bom hábito e estabelece os alicerces para o sucesso futuro.

<u>Pontualidade e Oportunidade</u>: Alguém que compreende a importância do tempo, coloca em prática a pontualidade na sua vida. Uma pessoa pontual, que utiliza cautelosamente o seu tempo, torna-se

bem-sucedida na vida. Se olharmos ao nosso redor, veremos que as pessoas de sucesso em todas as esferas da vida utilizaram adequadamente todos os momentos do seu tempo. As nações mais prósperas também são as que não desperdiçam qualquer momento.

Uma pessoa que não é pontual tem dificuldade em concluir os seus próprios deveres. Se não é capaz de concluir os seus deveres, então pode suscitar o descontentamento de outros. No campo militar, um atraso de meros minutos pode alterar o destino de uma nação.

Cortesia: Ser pontual, e estar ciente das horas que são, garante que não chegaremos atrasados aos nossos compromissos. Isto é muito importante se quisermos tratar as outras pessoas com cortesia e respeito. O tempo delas é valioso, assim como o nosso, e não devemos levá-las a desperdiçá-lo.

O futuro é desconhecido: É verdade que ninguém pode prever, com precisão, o futuro. Existem muitas coisas que estão para além do controlo dos seres humanos. A situação económica e financeira dos países sofre alterações rápidas.

Embora o futuro seja desconhecido, o Homem pode trabalhar arduamente hoje para aumentar as probabilidades de um futuro melhor. As pessoas devem utilizar adequadamente o seu tempo. Devemos tentar o nosso melhor para evitar o hábito da indolência e começar a fazer o nosso trabalho a tempo. Certamente, isso iluminará o nosso futuro.

<u>Valor do tempo durante situações de emergência</u>: As condições meteorológicas são sempre incertas. Permanece o risco de calamidades naturais. Para fazer face a situações de calamidade natural, o governo e outras organizações estão a criar "Planos de Gestão e Resgate em Caso de Desastre". Durante as emergências, espera-se que as equipas de resgate ajam rapidamente sem perder um único minuto.

Valor Monetário do Tempo

O "valor monetário do tempo" significa a quantidade de dinheiro que é possível realizar num determinado período de tempo. Alternativamente, pode significar o valor monetário subjetivo que atribuímos ao nosso tempo

E estas duas coisas podem não ser equivalentes. O valor monetário do tempo pode ser definito por um empregador. Ou, pode ser definido por outro indivíduo.

Há um provérbio comum que se use para expressar esta ideia. E é: tempo é dinheiro.

Razões pelas quais o Tempo tem um Valor Monetário:

1. Muitas vezes, daríamos dinheiro para ter mais tempo.

2. Nós trocamos frequentemente o nosso tempo por dinheiro (p. ex. quando a trabalhar).

3. Quanto mais trabalharmos de forma eficiente, mais dinheiro podemos fazer.

4. Os juros sobre as nossas poupanças só incrementam com o tempo.

5. Na bolsa de valores, o valor das ações pode subir ou descer em períodos muito curtos de tempo.

6. Muitos empregos são pagos à hora ou ao ano atribuindo, desta forma, um claro valor monetário ao tempo.

7. Quando compramos um relógio pode dizer-se que estamos a colocar um valor monetário na capacidade de dizer as horas.

Gestão do Tempo
A "gestão do tempo" é o processo de organização e planeamento da forma como dividimos o nosso tempo entre atividades específicas. Uma boa gestão do tempo permite-lhe trabalhar de forma mais inteligente - e não mais árdua - para que consiga obter mais em menos tempo, até mesmo quando o tempo é escasso e a pressão é elevada. Não conseguir gerir o

seu tempo prejudica a sua eficiência e provoca stress.

Parece que nunca há tempo suficiente num dia. Mas, já que todos temos as mesmas 24 horas, porque é que algumas pessoas conseguem fazer mais coisas com o tempo que têm do que outras? A resposta reside numa boa gestão do tempo.

Os que conseguem alcançar mais objetivos gerem excecionalmente bem o seu tempo. Ao utilizar as técnicas de gestão do tempo desta secção, você poderá melhorar a sua capacidade de trabalhar de modo mais eficaz - até mesmo quando o tempo é escasso e a pressão é elevada.

Uma boa gestão do tempo requer uma mudança importante de foco, das atividades para os resultados: **estar atarefado não é sinónimo de ser eficiente**. (Ironicamente, o oposto é mais próximo da realidade.)

Passar o dia num frenesim de atividades muitas vezes traz poucos resultados, pois as suas atenções estão dividas entre muitas tarefas diferentes. Uma boa gestão do tempo permite-lhe trabalhar de forma mais inteligente - e não mais árdua - para que consiga realizar mais em menos tempo.

O que é a "Gestão do Tempo"?

A "Gestão do Tempo" refere-se à forma como organiza e planeia o tempo que vai despender em atividades específicas.

Pode parecer contraproducente dedicar tempo precioso a aprender a gerir o tempo, em vez de o utilizar para fazer progressos no seu trabalho, mas os benefícios são enormes:

- Maior produtividade e eficiência.
- Uma melhor reputação profissional.
- Menos stress.

- Aumento das oportunidades de progressão.

- Mais oportunidades para alcançar objetivos de carreira e de vida importantes.

Não gerir o seu tempo de forma eficaz pode resultar em consequências bastante indesejáveis:

- Incumprimento de prazos.

- Fluxo de trabalho ineficaz.

- Fraca qualidade de trabalho.

- Uma fraca reputação profissional e uma carreira estagnada.

- Níveis mais elevados de stress

Gastar algum tempo a aprender técnicas de gestão do tempo trará imensos benefícios agora - e ao longo da sua carreira.

Pontos principais

A gestão do tempo é o processo de organização e planeamento da forma como despende o seu tempo em atividades específicas. Invista algum tempo na nossa coleção abrangente de artigos acerca da gestão de tempo, para saber mais acerca de como gerir de forma mais eficaz o seu próprio tempo, e poupe algum tempo para si no futuro.

Um dos objetivos é ajudá-lo a ter consciência de como é que utiliza o seu tempo
como um recurso utilizado na organização, priorização e sucesso nos seus estudos no contexto de atividades competitivas entre amigos, trabalho, família, etc.

Estratégias de utilização do tempo: As presentes aplicações de gestão do tempo revelaram ser tão eficazes como bons hábitos de estudo.

À medida que exploramos cada estratégia, anote aquilo que cada uma lhe parece a si:

- **Blocos de tempos de estudo e de pausa**

  Quando se inicia o período escolar e é definido o horário do curso, desenvolva e planeie blocos de tempo de estudo numa semana típica. Idealmente, estes blocos são de 50 minutos aproximadamente, mas talvez se sinta inquieto após apenas 30 minutos? Algumas matérias mais difíceis podem exigir pausas mais frequentes. Encurte os seus tempos de estudo se necessário, mas não se esqueça de voltar à tarefa que tem em mãos! O que faça durante a sua pausa deve oferecer-lhe uma oportunidade para comer qualquer coisa, relaxar ou refrescar-se e repor as suas energias. Por exemplo, defina blocos de tempo para quando é mais produtivo: é uma pessoa matinal ou uma criatura da noite?

Anote um dos melhores blocos de tempo em que pode estudar. Qual a sua duração? O que significa para si uma boa pausa?

Consegue controlar a atividade e voltar para os seus estudos?

- **Espaços dedicados ao estudo** determine um local livre de distrações (nada de telemóveis ou mensagens de texto) onde possa maximizar a sua concentração e estar livre das distrações que os amigos e os *hobbies* podem trazer! Também deve ter um espaço de reserva para o qual possa escapar, como a biblioteca, centro do departamento de estudos, até um café onde possa estar anónimo. Uma mudança de local pode trazer também recursos extra.

Qual o melhor local de estudo de que se consegue lembrar? Qual é o outro?

- **Revisões semanais**
As revisões e atualizações semanais são também uma importante estratégia. Todas as semanas, como num domingo à noite, reveja os seus trabalhos, os seus apontamentos, o seu calendário. Lembre-se que à medida que os prazos

e exames se aproximam, a sua rotina semanal deve adaptar-se aos mesmos!

Qual é a melhor hora da semana para fazer revisões?

- **Priorize os seus trabalhos** quando estiver a estudar, habitue-se a começar sempre com a cadeira/disciplina ou tarefa mais difícil. Estará com a mente ainda fresca e terá mais energia para lidar com ela enquanto estiver no seu melhor. Para cadeiras mais complicadas, tente ser flexível: por exemplo, criar um tempo de reação em que receba opiniões sobre os trabalhos antes da data de entrega.

Que cadeira/disciplina tem vindo sempre a causar-lhe problemas?

- **Alcance o "nível um" - concretize alguma coisa!**
O adágio chinês que refere que a viagem mais longa começa com um único passo tem um significado duplo:

Primeiro, dá-se início ao projeto! Segundo, ao começar, poderá aperceber-se de que há algumas coisas que não previu no seu processo. Os detalhes de um trabalho nem sempre são evidentes até que o inicie. Outro adágio é que a "perfeição é inimiga do bem", especialmente quando isso o impede de começar! Dado que incluiu a revisão, faça um rascunho da sua ideia e toca a começar! Terá tempo de a rever e desenvolver mais tarde.

Qual o primeiro passo que consegue identificar num trabalho para o começar?

- **Adie atividades desnecessárias até que o trabalho esteja feito!**
Adie tarefas ou rotinas que possam ser colocadas de lado até que o seu trabalho escolar/académico esteja concluído.
Isto pode ser o desafio mais difícil da gestão do tempo. Enquanto alunos, nós sempre nos deparamos com oportunidades inesperadas que parecem atrativas, e depois resultam

em notas baixas num teste, num trabalho ou na preparação para uma tarefa. Atividades que distraem serão melhor desfrutadas mais tarde, sem a pressão do teste, trabalho, etc. a pairar sobre a sua cabeça. Pense em termos de orgulho pela realização. Em vez de dizer "não", aprenda a dizer "mais tarde".

Qual é a distração que o leva a parar de estudar?

- **Identifique recursos que o ajudem**
Há tutores? Um amigo especialista? Já tentou fazer uma pesquisa de palavras-chave na Internet para obter melhores explicações? Existem pessoas especializadas na biblioteca que lhe possam aconselhar recursos? E profissionais e organizações profissionais? Utilizar recursos externos pode fazer-lhe poupar tempo e energia e resolver problemas.

Anote três exemplos para aquela cadeira/disciplina acima. Seja o mais específico possível.

- **Use o seu tempo com sabedoria**
  Pense nas horas em que pode estudar "pedaços" como enquanto caminha, anda de transportes públicos, etc. Talvez tenha de ouvir música para a sua cadeira de apreciação musical, ou treinar um idioma estrangeiro? Se for a pé ou de bicicleta para a escola/faculdade, quando é a melhor altura para ouvir? Talvez esteja numa fila de espera? Perfeitos para tarefas de rotina são *flash cards* ou se conseguir concentrar-se, ler ou rever um capítulo. A ideia é utilizar bem o seu tempo.

Consegue dar um exemplo de aplicação do seu tempo livre nos seus estudos?

- **Rever notas e leituras mesmo antes da aula**
  Isto pode despoletar uma ou outra questão acerca de algo que não entenda muito bem e que possa

apresentar na aula ou depois. Também demonstrará ao seu professor que está interessado e que se preparou.

Como criaria tempo para as revisões? Tem algum tempo livre que possa utilizar?

- **Rever notas da apresentação logo a seguir à aula**
Reveja a matéria imediatamente a seguir à aula. As primeiras 24 horas são críticas. Há maior probabilidade de vir esquecer a matéria nessas 24 horas se não fizer uma revisão!

Importância da Gestão do Tempo
O que é a gestão do tempo?

É um conjunto de princípios, práticas, competências, ferramentas e sistemas que o ajudam a utilizar o seu tempo de forma a concretizar o que pretende.

Porque é importante a gestão do tempo?

A gestão do tempo é importante para o sucesso na sua vida pessoal e na sua carreira. Ela ensina-o a gerir eficazmente o seu tempo e aproveitá-lo ao máximo.

Eis algumas das razões pelas quais é tão importante e como o pode ajudar a utilizar e gerir o seu tempo de forma mais vantajosa:

1. O tempo é um recurso especial que não se pode armazenar nem guardar para utilizar depois. Todos têm exatamente a mesma quantidade de tempo a cada dia. O tempo que não for bem utilizado não pode ser recuperado.

2. Maioria das pessoas acham que têm demasiado que fazer e que o tempo nunca chega. Culpam a falta de tempo pelas suas finanças desequilibradas, stress, maus relacionamentos e falta de exercício físico.

3. Uma gestão sábia do tempo pode ajudá-lo a descobrir tempo para o que deseja e para o que precisa de fazer.

4. Você precisa de tempo para obter o que quer da vida. Se ficar à espera que mais tempo caia do céu, pode vir a ser um perdedor no jogo da vida. Através de uma correta gestão do tempo, pode "criar" o tempo de que precisa e não apenas esperar que este chegue. Ao planear o seu tempo com sabedoria, irá ter mais tempo para fazer mais coisas.

5. A gestão do tempo irá ajudá-lo a definir as suas prioridades.

6. O tempo limita-se a 24 horas por dia, por isso planeie a sua vida com sabedoria.

7. A gestão do tempo ajuda-o a fazer escolhas conscientes, para que possa passar mais do seu tempo a fazer coisas que sejam importantes e que tenham valor para si.

8. Pode aprender a encontrar tempo para as coisas que são importantes para si. Até uma pequena porção de tempo uma vez por dia, ou uma vez por semana, o aproximará cada vez mais dos seus

objetivos e ficará surpreso com o seu progresso.

9. Tornar-se-á mais produtivo utilizando competências e ferramentas melhoradas de gestão de tempo e concretizará mais com menos esforço e tempo. A gestão do tempo pode ajudá-lo a reduzir o desperdício de tempo e de energia, torná-lo mais criativo e produtivo e permitir-lhe fazer a coisa certa no momento certo. Isto, claro, conduzirá a um maior equilíbrio e realização na sua vida.

10. A vida nos dias de hoje apresenta tantas distrações e, portanto, é muito fácil perder tempo em atividades sem importância. Pergunte a si mesmo, será que ver este programa ou aquele na TV, ler este ou aquele tema "quente" na coluna social ou participar em determinadas atividades vai acrescentar alguma coisa à sua vida? Será que o tempo despendido numa atividade em particular é bem gasto ou é apenas um desperdício de tempo e de energia?

11. De dia para dia, a vida coloca tantas escolhas à frente de todos e a pergunta é, limita-se a seguir o que lhe aparece à frente ou escolhe continuamente o que quer fazer? Permite que distrações externas o impeçam de atingir o seu objetivo ou usa a sua força de vontade e autodisciplina para caminhar em linha reta em direção às suas metas, sem desperdiçar tempo nem energia?

12. Na gestão eficaz do seu tempo, um certo grau de distanciamento e paz interior revela-se bastante útil. Tanto uma como a outra ajudá-lo-ão a evitar despender demasiada energia mental e emocional naquilo que outros dizem e pensam a seu respeito. Ajudá-lo-ão a manter-se calmo, apesar das distrações ou dificuldades e isto poupar-lhe-á imenso tempo e energia, que poderão ser despendidas em atividades melhores e mais compensadoras.

Há muitas coisas que pode fazer e ferramentas que pode usar para gerir eficazmente o seu tempo. A cada dia pode aproveitar muito do tempo que habitualmente é desperdiçado. Pode fazer algumas mudanças que aumentarão eficazmente o tempo que tem ao seu dispor todos os dias.

Pensar, planear, descobrir como é que outros gerem o seu tempo e ler livros e artigos acerca da gestão do tempo, tudo isto o ajudará a desenvolver estas competências e dar-lhe-á boas ideias.

Entre as muitas alterações que pode fazer para gerir o seu tempo, há uma que é importante e facilmente acessível - levantar-se cedo de manhã. Deixe de ver TV até tarde à noite e vá dormir mais cedo do que o costume. Assim, será mais fácil levantar-se mais cedo.

Até mesmo levantar-se apenas 15 minutos mais cedo será ótimo. É uma altura mais calma, antes de todos acordarem, e que pode dedicar à leitura, meditação, exercício físico ou a planear o seu dia.

Para se livrar da sensação de que tem muito que fazer e que o tempo é insuficiente, tente sentir e pensar como se tivesse todo o tempo do mundo.

Este tipo de pensamento irá permitir-lhe focar-se no que está a fazer, sem stress nem pressão.

Planeie sempre bem o seu tempo e não o perca em assuntos desnecessários. Tenha cuidado com a procrastinação e faça tudo o melhor que conseguir, com foco e atenção.

Estratégias, Técnicas e Métodos de Gestão do Tempo

Vamos aprofundar o assunto sobre táticas de gestão de tempo que pode utilizar para arranjar tempo. Estas técnicas de gestão de tempo são essenciais e críticas para a sua produtividade. Vamos debruçar-nos no seu aperfeiçoamento e isso ajudá-lo-á a melhorar as competências de gestão de tempo que discutimos anteriormente. Basta um pouco de dedicação e ficará dotado com métodos essenciais para o seu sucesso.

Análise ABC

Utilize esta técnica de gestão de tempo para categorizar e agrupar as suas tarefas em 3 categorias - A, B e C, onde:
A - Tarefas Importantes e Urgentes.
B - Tarefas Importantes, mas **NÃO** Urgentes.
C - Tarefas não Importantes, quer sejam urgentes, quer não.

Estes grupos estão ordenados com base em prioridades, sendo A a mais elevada. Assim que atribuir uma categoria específica às tarefas (A, B ou C), as mesmas devem ser ainda priorizadas com base em números. Por exemplo, A1 deve ser feita antes de A2. A análise ABC pode ser combinada com outros métodos como a Análise de Pareto discutida abaixo.

Análise de Pareto

A análise de Pareto, frequentemente referida como regra 80/20, afirma que

20% do esforço de uma pessoa alcança 80% do resultado. Por exemplo, se o seu objetivo é publicar um livro com o total de 100 páginas no prazo de um mês, 20% do seu esforço total resultará em 80 páginas de conteúdo. Os 80% restantes do seu esforço só farão 20 páginas do total de 100 (o seu objetivo).

Então, o que significa isto? Priorize o seu tempo nesses 20% de esforço que resultarão em 80% do resultado. Priorize as tarefas que trarão os MELHORES resultados.

É importante perceber que há certos esforços que podem afetar a maioria dos seus resultados. **Porque é importante compreender isto?**

Se apenas 20% dos trabalhadores contribuírem para 80% dos resultados, pode recompensar estes trabalhadores.

Se apenas 20% dos clientes resultarem em 80% das suas receitas, satisfaça-os primeiro.

E a lista continua. O importante é focar os 20% que fazem uma GRANDE diferença, em vez de focar os 80% que nem "fazem mossa".

O Método Eisenhower

Este método recebeu o seu nome em homenagem ao Presidente Norte-americano Dwight D. Eisenhower.

Para utilizar este método, primeiro é preciso identificar as tarefas de que necessita para alcançar o seu objetivo. De seguida, as tarefas são avaliadas relativamente à sua importância e urgência, ou ambas. Coloque estas tarefas no plano Eisenhower ou "Caixa Eisenhower" que tem quatro quadrantes.

Pergunte a si próprio:

Isto é importante? Isto é urgente? Ou ambos?

Estas tarefas são então avaliadas com base nos quadrantes em que se encontram:

1. **Urgentes e Importantes–** Realize estas tarefas primeiro.

2. **Importantes, mas Não Urgentes–** Ponha-as de parte. Anote-as num calendário e realize-as mais tarde.

3. **Urgentes, mas Não Importantes–** Estas tarefas são delegadas. Atribua-as a outra pessoa ou coloque-as na prioridade mais baixa.

4. **Não Urgentes e Não Importantes–** Esqueça-as. O seu tempo já está ocupado com as suas prioridades noutras categorias.

Eis um exemplo da <u>Caixa Eisenhower de James Clear</u> com tarefas em cada quadrante:

O Método Eisenhower ajuda-o a dividir as suas ações em quatro categorias para o auxiliar a decidir o que deve ou não ser feito.

O método POSEC

Com o método POSEC, você: Prioriza, Organizando, Simplificando, Econ omizando e Contribuindo.

De modo a aplicar este método e alcançar os seus objetivos, devemos olhar de perto e focar a nossa atenção nas nossas atividades diárias. Isto permite-nos priorizar melhor ao transformar objetivos em porções manejáveis de pequenos projetos.

Com o método POSEC:

1. Priorizar - Trata-se de definir os seus objetivos e organizar as suas tarefas de acordo com a respetiva importância. Isto incrementará a eficiência e eficácia da pessoa ou da equipa.

2. Organizar - Implemente uma sólida estrutura sobre a forma como realiza as suas tarefas, especialmente as que

realiza diariamente, para alcançar os seus objetivos.

3. Simplificar – Refere-se às tarefas que menos gosta de fazer, **MAS** que tem de fazer e que devem ser concluídas. Exemplos disso são as tarefas domésticas. Simplifique este tipo de tarefas para obter uma melhor eficiência.

4. Economizar – Há coisas que gostaria de fazer agora, MAS que não são urgentes. Encontre forma de orçamentar o seu tempo nestas tarefas.

5. Contribuir – Aquilo que oferece ao mundo. Tratam-se das suas **obrigações sociais** como o amor, a amizade, a bondade. Os efeitos destas tarefas são visíveis a longo prazo e podem não ser evidentes de imediato. Deve focar-se igualmente nestas contribuições.

De certa forma, o método POSEC baseia-se na "Hierarquia de Necessidades" de Abraham Maslow.

Método da Reação-Dominó

O Método da Reação-Dominó sobre a gestão do tempo por Amit Offir foi explorada em maior profundidade no livro *24/8–The Secret for being Mega-Effective by Achieving More in Less Time (24/8 - O Segredo para Ser Mega Eficaz Alcançando Mais em Menos Tempo)*.

"Encaixotar" tempo

Quando "encaixotamos" tempo, em vez de trabalharmos numa tarefa **até** a concluirmos, atribuímos um **limite de tempo** ou um **período de tempo fixo** para trabalhar em todas as tarefas ou grupo de tarefas. Assim, "encaixotar" tempo foca-se mais no **tempo despendido** do que nas **tarefas realizadas**.

Técnica de Triagem

Utilize a técnica de Triagem para agrupar as suas tarefas em 3 categorias:

1. Coisas que sejam importantes, mas não urgentes.

2. Coisas que sejam pura perda de tempo.

3. Coisas que necessitem de atenção imediata.

Esta técnica de gestão de tempo foi inspirada pela técnica de triagem utilizada para tratar ferimentos de soldados durante a Era Napoleónica.

A Lei da Agricultura

Acha que se plantar uma semente de maçã hoje, vai conseguir colhê-la amanhã ou no próximo mês? Claro que NÃO! Na agricultura, a prossecução de objetivos acontece através do esforço regular e do decurso normal de eventos. Não há atalhos; não existe sucesso "instantâneo".

A ID de SONHO

Os nossos documentos de identificação, como o cartão de eleitor, cartão da escola/faculdade, servem como prova de identidade caso estejamos, por exemplo, perdidos. No entanto, não há nada que nos relembre dos nossos sonhos se nos perdermos pelo caminho. É aqui que a ID de SONHO desempenha o seu papel: Para o relembrar dos seus sonhos caso se encontre encalhado na vida.

Como fazer a sua ID de SONHO?

O primeiro passo é **IDENTIFICAR OS SEUS SONHOS**. Portanto, vá em frente e faça pelo menos 10 listas dos seus sonhos de vida. Algumas pessoas farão isto num piscar de olhos. Algumas terão certa dificuldade em decifrá-los. Não se preocupe, isto é natural. Basta parar algum tempo e concentrar-se e conseguirá facilmente elaborar as suas listas de sonhos.

Agora que tem as suas listas de sonhos, o segundo e último passo é **PRIORIZAR OS SEUS SONHOS.**

Por isso, vá em frente e categorize os seus sonhos de acordo com as suas prioridades.

Isto ajudá-lo-á a identificar as tarefas que devem ser geridas primeiro, para utilizar a sua energia e esforços de forma eficaz e eficiente. As tarefas mais importantes devem ser realizadas primeiro.

Após concluir estes dois simples passos, *voilá*, a sua ID de SONHO está feita! Tenha sempre consigo a sua ID de SONHO e coloque-a em locais que estejam sempre visíveis e facilmente localizáveis.

Mas, como é que isso me ajudará a poupar tempo?

Agora tem um caminho mais definido na vida. Identificou os seus sonhos e o que importa mais para si, na sua vida. Pode agora ver a meta e todas as suas ações serão dedicadas a atingir essa meta.

A Técnica Pomodoro

"Pomodoro" significa "tomate" em italiano. Este método foi desenvolvido por Francesco Cirillo que utilizava um cronómetro em forma de tomate para monitorizar o tempo, quando era aluno universitário. A ideia é repartir as ações por vários intervalos de 25 minutos, chamados "pomodoros". É tão simples. Pode dominar esta técnica através destes passos facílimos:

- Identifique que tarefas tem a realizar.

- Marque 25 minutos para as realizar. (Utilize um temporizador).

- Trabalhe na tarefa.

- Quando o tempo chegar ao fim, marque um intervalo de 5 minutos no temporizador. Utilize estes 5 minutos para fazer o que quiser. Talvez, ver um vídeo divertido ou jogar mais um nível do Candy Crush.

- Repita os passos.

- Depois de repetir isto quatro vezes, comece a fazer pausas maiores, como por exemplo de 15 minutos.

Comer o Sapo

Coma um sapo vivo assim que acordar e nada pior irá acontecer-lhe durante o resto do dia. –Mark Twain.

Aqui, o "sapo" simboliza **as tarefas mais difíceis e mais importantes.** Faça-as logo de manhã e o resto do dia será fácil.

Lista de Afazeres (To-Dos)

Este é provavelmente o método mais simples de gestão de tempo que existe, MAS é também o mais eficaz. Basta ter sempre à mão um papel com listas de tarefas a fazer e monitorizar o que deve ser feito imediatamente e o que se lhe segue.

Os 18 minutos

Este método foi desenvolvido por Peter Bregman, autor de *18 Minutes: Find Your Focus, Master Distraction, and Get the Right Things Done (*18 Minutos: Descubra o seu Foco, Domine a Distração e Faça as Coisas Certas*)*.

5 minutos de manhã: Sente-se e pense profundamente sobre o que tem a fazer hoje e que lhe permitirá chegar ao fim do dia com a sensação de ter tido um dia produtivo e de sucesso.

1 minuto por hora. Agora, marque um alarme por hora. Sempre que tocar, durante um minuto pergunte-se se foi produtivo na última hora.

5 minutos à noite: Avalie as suas aprendizagens e o que sucedeu durante o seu dia.

Técnica COPE

O meu sistema incorpora descobrir a causa principal de não conseguir ter tempo suficiente e o que pode fazer acerca disso – Duncan

Segundo isto:

Clareza – analise as suas tarefas. Tenha um objetivo claro, eliminando os desperdícios de tempo.

Organização – Organize tudo. Tenha um sistema para abordar as suas tarefas. **S**istematização das tarefas repetitivas.

Produtividade – Priorize as suas tarefas.

Eficiência – Conclua as tarefas principais.

As Competências de Gestão do Tempo que Deve Possuir

Antes de deitar mãos à obra na aprendizagem da gestão de tempo, o primeiro passo é conhecer as competências de gestão de tempo que todos devem possuir para as compreender e colocar devidamente em prática. Estas competências funcionarão como os princípios ou como enquadramento das dicas e estratégias sobre a gestão de tempo que discutiremos posteriormente.

<u>Treinando o Desempenho Positivo</u> delineou as **17 competências eficazes de gestão de tempo** que desempenham um papel crítico na análise dos níveis de produtividade de alguém. Compreender o papel destas competências na forma como coloca a gestão de tempo em prática é muito importante para se tornar mais eficiente em todas as alturas. As competências discutidas abaixo não se destinam somente aos que têm empregos, mas são igualmente essenciais para estudantes e jovens.

1. Definição de objetivos. Todo o tempo despendido em ações deve aproximá-lo cada vez mais dos seus objetivos. Você deve ter a capacidade de despender o seu tempo em coisas que sejam necessárias para os alcançar. Esta é uma competência fundamental de gestão do tempo que deve possuir

2. Priorização. Maioria das pessoas foca-se em conseguir fazer MAIS coisas, o que é errado e não deve ser o caso. Em vez de listar o que deve ser feito, elimine as tarefas que *não devem* ser feitas. Escolha apenas as tarefas valiosas e foque as suas energias e o seu tempo nelas.

3. Autoconsciência. Esteja ciente das suas próprias preferências. As outras pessoas têm diferentes estilos de abordagem quanto ao trabalho. Examine-se atentamente para conseguir aplicar o conselho de gestão de tempo que seja mais adequado a si.

4. Motivação pessoal. É difícil continuar quando não se tem motivação pessoal. É necessário sentir-se motivado para agir em função das suas tarefas. Este é uma competência essencial de gestão de tempo que todos devem possuir.

5. Foco. Não importa o quão bem-sucedida uma pessoa é com as suas atividades, não é possível prosseguir se se deixar distrair. Não se deixe apanhar por coisas desnecessárias. Um indivíduo com uma mente focada como um laser é alguém que alcança grandes feitos.

6. Tomar decisões. Cada dia é uma batalha constante sobre a tomada de decisões, como o que deve ser feito, que tarefas não devem ser realizadas, que tarefas estão concluídas e assim por diante. Se não tiver uma capacidade saudável de tomar decisões, isto poderá originar problemas sérios em todos os aspetos da sua vida. Esta é uma competência excelente de gestão de tempo já que se perde muito tempo a fazer coisas que não têm importância e que resultam na tomada de más decisões.

7. Planear. Planear irá dar uma orientação adequada às suas ações. O que deverá estar primeiro? O que se segue? Saber isto fará com que todas as ações sejam realizadas de forma ordenada. Já que tudo é planeado, cada ação decorrerá sem sobressaltos e poupará imenso tempo durante o processo.

8. Competências de comunicação. Haverá alturas em que não será possível realizar sozinho o trabalho e, neste caso, é necessário formar equipa com outras pessoas - e não é possível trabalhar com outros sem uma comunicação adequada.

9. Perguntar e confrontar. Não tente aceitar sempre a tarefa que alguém lhe dá. Pergunte e confronte-os se achar que não é a pessoa que a deveria fazer. Esta pequena atitude ajudá-lo-á a reduzir a sua carga de trabalho e permitir-lhe focar-se nas suas próprias tarefas.

10. Delegar/Subcontratar. Uma das mais importantes competências de gestão de tempo é aprender a determinar se o seu conjunto de competências é adequado ao desempenho do trabalho. Se outra pessoa tiver as competências certas para efetuar a tarefa que lhe foi atribuída, é melhor delegar ou subcontratar esta tarefa a essa pessoa. Contudo, certifique-se de que orienta a pessoa e lhe fornece todas as informações necessárias para concluir o trabalho.

11. Competências Sociais/Flexibilidade. Seja flexível. Aprenda a dominar os altos e baixos do seu trabalho. Aprenda a lidar com todas as coisas que lhe acontecem. Desta forma, será capaz de pensar e planear em vez de passar o tempo a preocupar-se.

12. Gestão do Stress. As competências de gestão do stress andam lado a lado com as de gestão de tempo. Quando sofre stress, o seu corpo, mente e produtividade pioram. As energias negativas começam a fluir por si resultando num fraco desempenho e perda de foco. Em resultado do fraco desempenho, o seu trabalho começa a amontoar afetando as suas competências de gestão de tempo. Uma gestão adequada do stress pode ajudá-lo a combater tudo isto.

13. Trabalho de Equipa. "No man is an island", ou seja, ninguém pode viver sozinho. Não é possível fazer tudo sozinho. Se for simpático e acessível, boas relações começarão a criar-se e trabalhar com outros será fácil. Assim, as tarefas serão rapidamente concluídas.

14. Anotar as informações mais cruciais. Não se fie na memória. Escreva as informações necessárias que obtém. Ficará surpreso com o tempo que conseguirá poupar só porque tem acesso às informações sempre que necessita delas.

15. Organizações. Quando as suas coisas estão organizadas, você sabe exatamente onde obter o que necessita em vez de procurar cegamente por uma pasta só porque a deixou "algures".

16. Paciência. Não apresse as coisas que não devem ser apressadas ou irá cometer erros e despenderá mais tempo a corrigir essa tarefa (se for sequer possível corrigi-la) quando poderia ter trabalhado pacientemente nela em primeiro lugar e não cometer tantos erros.

17. Perdão. Você cometerá erros e os outros poderão desapontá-lo. Se não souber perdoar, tornar-se demasiado emocional irá distrai-lo da conclusão do seu trabalho.

Dicas para a Gestão do Tempo

Agora que tem um melhor entendimento do que envolve a gestão de tempo, o que é extremamente útil, prepare-se para agir à medida que lhe damos algumas dicas sobre gestão de tempo que poderá utilizar para "arranjar" tempo.

1. Planeie e organize bem. Um plano bem traçado e organizado antes de começar uma tarefa pode poupar-lhe IMENSO tempo, comparativamente a simplesmente executá-la cegamente. Há um ditado americano que diz: "If you fail to plan, you plan to fail" (Se falhar em planear, estará a planear falhar).

2. **Defina objetivos.** Definir objetivos dá-lhe um sentido em direção ao que pretende alcançar. Assim, estará no caminho certo e poupará imenso tempo. Certifique-se apenas de que os seus objetivos sejam Específicos, Mensuráveis, Atingíveis, Realísticos e de que têm Prazos (S.M.A.R.T, do inglês "Specific, Measurable, Attainable, Realistic and Time-bound")

3. **Priorize.**

4. **Utilize listas de afazeres.**

5. **Seja flexível.** As distrações e interrupções são inevitáveis, mesmo quando se possui uma gestão de tempo eficaz. O que precisa é de tornar-se flexível e deixar algum tempo disponível para as interrupções não planeadas de trabalho e para as emergências.

6. **Conheça o seu "tempo principal".** Examine-se e saiba a altura do dia em que está no seu "melhor". Depois,

utilize essa altura para planear as suas prioridades.

7. Faça a coisa certa e faça certo depois. A primeira significa eficácia e a segunda, eficiência. O truque é identificar a coisa certa a fazer (eficácia) e depois fazê-la corretamente (eficiência).

8. Elimine o urgente. Um ponto claro na distinção do que é urgente e do que é importante é que as tarefas urgentes são as que possuem implicações a curto prazo, ao passo que as importantes são as que possuem implicações a longo prazo. Deve reduzir essas tarefas urgentes primeiro, para que tenha tempo suficiente para atividades importantes; para **EVITAR** que estas tarefas se tornem urgentes mais tarde.

9. Diga "NÃO" de modo inteligente. Deve aprender a declinar oportunidades desnecessárias. Deve saber exatamente quais são e como distinguir as prioridades importantes das não importantes. Basta focar-se nos seus objetivos e dizer "Não" pode ser mais fácil do que imagina. Assim que se convencer a si próprio da importância das suas prioridades, dizer "Não" àquilo que não tem importância torna-se fácil.

10. Evite ser um perfecionista. Tenha cuidado; por vezes, ser "perfecionista" pode levar ao desperdício de tempo. Não se prenda demasiado em pequenos detalhes.

11. Combata a procrastinação. A procrastinação é o hábito de deixar de lado as tarefas em que se deveria focar em determinada altura. Arranje forma de a <u>combater</u>.

12. Aprenda a negligenciar. É muito possível que as suas listas de afazeres estejam cheias de tarefas desnecessárias. Aprenda a negligenciar as coisas que não tenham implicações de longo prazo para si.

13. Recompense-se. Defina uma recompensa pela concretização de tarefas ou por terminar um trabalho. Estas concretizações não têm de ser especiais - mesmo que seja apenas um pequeno sucesso, aprenda a celebrá-lo. Ao fazê-lo, estará a motivar-se a si próprio no sentido de manter a promessa e obter aquela recompensa.

14. Durma 7 a 8 horas por dia, exercite-se e coma alimentos saudáveis. Muitas pessoas desvalorizam o sono. Dormir pelo menos 7 a 8 horas por dia pode ajudar o seu corpo e mente a recarregar. Não pense que dormir é "perder tempo", especialmente quando tem muito trabalho pela frente. Nós precisamos de dormir para que os nossos corpos e cérebros funcionem adequadamente. Além disso, exercitar-se e comer de forma saudável estimula os níveis de energia aumentando a produtividade.

15. Dedique o seu tempo à tarefa. Mantenha outras distrações de parte - smartphones, navegar na Internet, etc. Seja como um cavalo equipado com talas nos olhos - concentre-se e foque-se apenas na meta.

16. Comece cedo. É simples, começar cedo não somente reduz o stress, mas também o ajuda a concluir o trabalho mais cedo.

17. Examine tarefas-chave e faça delas um hábito. Assim que transforma algo num hábito, essa "coisa" deixa de ser uma tarefa. Porquê? Porque passa a fazer parte da sua vida, fazer estas tarefas não será mais um trabalho para si.

18. Esteja ciente das coisas que drenam tempo. Claro que pode consultar as notificações das redes sociais, "tweetar", ver televisão e jogar em cerca de, digamos, 30 minutos; mas, se o fizer várias vezes por dia, isso vai absorver uma parte significativa do seu dia e diminuir a sua produtividade. Estando ciente destas pequenas coisas que podem drenar o seu tempo, poderá evitar que suguem o seu tempo.

19. Acrescente um limite de tempo para concluir uma tarefa. Em vez de "Vou fazer isto durante todo o dia", porque não pensar "Vou terminar isto dentro de 4 horas"? Este pequeno exercício pode manter o seu foco e ajudá-lo a concentrar-se mais na tarefa.

20. Faça uma pausa e descanse entre cada tarefa. Após concluir uma tarefa, ofereça a si próprio algum tempo para respirar, relaxar e limpar a mente antes de iniciar outra tarefa. Ao fazê-lo, estará a preparar-se e a focar-se novamente no trabalho seguinte. Acredite ou não, fazer uma pausa pode ajudar-nos a cumprir o horário!

21. Crie um sistema. Um sistema bem planeado da forma como realiza tarefas garante um fluxo de trabalho sem sobressaltos e manterá tudo organizado.

22. À espera de algo? Eis uma oportunidade para fazer alguma coisa. Por exemplo, está numa longa fila de pessoas à espera de serem chamadas;

pode aproveitar a oportunidade para consultar novos e-mails no seu telefone ou ler os seus apontamentos se for um estudante. Use estes tempos mortos para fazer alguma coisa. Use os seus <u>minutos livres</u> com sabedoria.

23. Comprometa-se. Nada é mais importante do que se comprometer com os seus planos. Comprometa-se com o que faz e não se deixe distrair facilmente. Mantenha a "rédea curta" sobre as suas tarefas e irá alcançá-las de forma eficaz.

24. Consolide tarefas relacionadas. Identifique tarefas da mesma natureza e realize-as sequencialmente. Por exemplo, arquive todos os documentos e depois faça uma chamada telefónica em vez de arquivar e depois telefonar e voltar a arquivar. Assim, poupará imenso tempo devido ao seu foco e fluxo ininterruptos.

25. Desfrute do que faz. Ponha a negatividade de lado. Seja positivo na vida e ao realizar as suas tarefas.

26. Reveja o seu calendário de atividades. Examine o seu calendário e pergunte-se a si próprio se está a conseguir cumpri-lo, ou se está adiantado ou atrasado para que possa aplicar as medidas adequadas.

27. Pare de se preocupar! Preocupar-se é pura perda de tempo. Não muda nada e apenas polui a sua mente com negativismo. Em vez de ficar a pensar e a pensar sobre o assunto, tome uma atitude.

Conclusão

Mais uma vez, obrigado por transferir este livro!
Espero que este livro tenha sido capaz de o ajudar a melhorar a sua produtividade e gerir adequadamente o seu tempo.

Finalmente, se gostou do livro, então gostaria de pedir-lhe um favor: poderia fazer um comentário sobre o livro na Amazon? Será muito apreciado!

Obrigado e boa sorte!

www.ingramcontent.com/pod-product-compliance
Lightning Source LLC
Chambersburg PA
CBHW071855070526
44583CB00016B/1693